Para

con votos de paz.

DIVALDO FRANCO

POR EL ESPÍRITU JUANA DE ÁNGELIS

CONFLICTOS EXISTENCIALES

SERIE PSICOLÓGICA JUANA DE ÁNGELIS
VOLUMEN 13

BUENOS AIRES – 2016
2ᵈᵃ edición

© 2016 – Centro Espírita Caminho da Redenção
2da. edición – 300 ejemplares
Título del original en portugués: Conflitos Existenciais
© 2005 – Centro Espírita Caminho da Redenção

Traducido por: Julia Ferraro
Revisión: Equipo de la Institución Espírita "Juana de Ángelis" (Argentina)
Edición electrónica: Ailton Bosco
Tapa: Cláudio Urpia
Supervisión editorial: Prof. Luciano de Castilho Urpia

Coordinación gráfica: Livraria Espírita Alvorada Editora
Rua Jayme Vieira Lima, nº 104 – Pau da Lima
CEP.: 41325-000 Salvador – Bahia – Brasil
Telefax: (+5571) 3409-8310/8311
E-mail: leal@mansaodocaminho.com.br
Homepage: www.mansaodocaminho.com.br

Datos Internacionales de Catalogación en la Publicación(CIP)
Catalogación en la Fuente
BIBLIOTECA JUANA DE ÁNGELIS

(F825)   FRANCO, Divaldo Pereira (1927)
Conflictos existenciales – 2. ed./ Por el Espíritu Juana de Ángelis [psicografiado por] Divaldo Pereira Franco. Buenos Aires: LEAL, 2016. (Serie Psicológica - Volumen 13).

p. 248.
ISBN: 978-85-8266-158-1
1. Espiritismo 2. Psicologia
I.Franco, Divaldo Pereira. II. Título

CDD: 133.93

Impreso en la Argentina

Prezita en Argentina

Índice

Conflictos existenciales

La marcha del progreso es inexorable. Puede ser perturbada o entorpecida, pero nunca quedará detenida por las conveniencias de individuos o grupos que intenten paralizarla.

De la misma forma, la criatura humana está destinada a la plenitud, y avanza muchas veces sometida a imposiciones dolorosas, que resultan de la ignorancia o de la mala utilización de los valiosos recursos que se encuentran a su alcance.

De origen divino, aquella experimenta las más diversas manifestaciones de la vida y desarrolla los valores sublimes que lleva consigo en germen, hasta alcanzar la felicidad a la que está destinada.

Sin embargo, deberá conquistar esa felicidad paso a paso, mediante el esfuerzo personal y el afán de lucha, de modo que se manifiesten las potencias que la impulsarán a la conquista de la gloria.

El Espíritu se perfecciona a través de las múltiples reencarnaciones, liberándose del primitivismo donde transitó, para avanzar en el rumbo de la sublimación.

El sentido de la vida inteligente es ascensional, y se alcanza mediante la superación de los desafíos existenciales, cuyo origen radica en las herencias negativas procedentes de experiencias anteriores malogradas, que requieren ser corregidas.

Por esa razón, tales desafíos se presentan a modo de conflictos perturbadores, que enferman, desorientan y conducen a situaciones dolorosas, toda vez que no son reconocidos con sabiduría y enfrentados con valor.

Durante mucho tiempo se creyó que el ser humano venía al mundo como si fuera una hoja de papel en blanco, una tabula rasa, y que la imitación de lo que veía, de lo que experimentaba -comenzando por los conocimientos que los padres le enseñaban-, le permitiría memorizar las impresiones que luego habría de repetir.

No obstante, significativas experiencias demostraron que esa tesis carecía de legitimidad, porque los ciegos de nacimiento, que no pueden observar las expresiones de los otros rostros, sonríen o presentan las mismas características de la tristeza que no han visto jamás. De igual manera, los pueblos aún primitivos que viven en la Tierra, estudiados por atentos científicos, expresan los mismos sentimientos que el ser civilizado, pese a que nunca han tenido contacto con él, e imprimen en sus semblantes el rictus del dolor y la gracia de la alegría.

Hace ya mucho tiempo, el padre de la doctrina de la evolución, Charles Darwin, escribió un tratado sobre la fisonomía humana en el que proponía realizar estudios con ciegos, a fin de confirmar la condición ancestral de los caracteres emocionales y de sus expresiones en individuos que jamás tuvieron la oportunidad de observarlos en otros.

Ese estudio daría lugar, hace aproximadamente cuarenta años, a una mayor observación en torno a los sentimientos que la psicología científica despreciaba...

Con el advenimiento de nuevas conquistas psicológicas respecto del ser humano, es posible constatar que existe una herencia atávica que marca a todos los individuos con idénticas expresiones faciales y emocionales, sin que haya habido ningún contacto entre ellos.

Desde el punto de vista espírita, esa herencia procede de las reencarnaciones anteriores, que imprimieron en el Espíritu sus necesidades y también sus realizaciones, lo cual permite un avance progresivo cada vez que una etapa del proceso de crecimiento es superada.

Gracias a esa constatación, en la raíz de todo proceso aflictivo existe una herencia psicológica de otra existencia, que resurge como una necesidad de reparación, a fin de favorecer al Espíritu con nuevas conquistas, sin ataduras con los fracasos que quedaron en el pasado...

De ese modo, la felicidad en el mundo es posible toda vez que se realice el esfuerzo de conseguirla.

Nadie se encuentra en la Tierra exclusivamente para sufrir, sino para crear las condiciones de la salud real y de la alegría plena.

Incluso en el caso de las expiaciones intensas, mientras estas existen contribuyen a la liberación del ser encarcelado, la cual llegará tan pronto como haya concluido la reeducación.

Los estudiosos de la conducta psicológica constatan también que esa felicidad es posible porque existen factores fisiológicos que la promueven, y hacen referencia al milagro de la dopamina, el neuropéptido que la fomenta y la produce.

Cuidadosas experiencias realizadas con tomografías computarizadas, muestran las áreas cerebrales donde se sitúan la felicidad y la desdicha, como resultado de las emociones y de los fenómenos físicos producidos por la dopamina y otras sustancias, que confirman de esa manera la tesis de naturaleza orgánica.

Todo sentimiento emite impulsos procedentes del tronco cerebral hacia el cerebelo, que los procesa y los transmite como órdenes a los músculos, permitiendo que el diencéfalo entre en acción y favorezca la excitación emocional, a fin de que el córtex active las circunvoluciones en el área del lóbulo frontal, lo que transforma las emociones en actitudes y realizaciones objetivas. De ese modo, ocurre un proceso electroquímico, a través del cual el sentimiento estimula las áreas adecuadas, que lo transforman, conducen y materializan.

Es fácil, por lo tanto, comprender que el ser humano es un conjunto de emociones que deben ser adecuadamente dirigidas, a las cuales la educación, el conocimiento y la práctica se encargan de transformar en experiencias.

Cuando se profundiza más la investigación relativa a la esencia del ser humano, se constata que todo ese complejo de energía procede del Espíritu, el cual lo exterioriza según su nivel evolutivo, para producir emociones superiores o inquietantes, de las que tiene necesidad en el ámbito del crecimiento moral.

Así, los desafíos existenciales que se presentan como emociones perturbadoras, como trastornos neuróticos -de ansiedad, culpa, estrés y angustia-, requieren atención y deben ser tratados en forma especial mediante las conquistas de las modernas ciencias psíquicas, así como de las contribuciones del espiritismo en su condición de ciencia del alma.

La felicidad, por consiguiente, es desencadenada por la armonía que experimenta el Espíritu, por la sensación agradable del deber cumplido, de la rectitud moral, que generan en el cerebro la producción de dopamina, serotonina, noradrenalina y otras sustancias del mismo género.

❁

La conquista de la felicidad se logra cuando se transita en equilibrio de un estado de espíritu a otro, es decir, con mayor armonía. De la misma manera, el sufrimiento es una transición inherente a la situación inferior, una etapa que ya debería haber sido superada.

La felicidad, por consiguiente, no significa oposición a la desdicha.

Ese estado de bienestar, de armonía entre el ego *y el* Self, *es el resultado de las conquistas morales y espirituales, de la victoria sobre los desafíos de la existencia.*

Hemos reunido, en el presente libro, varios comportamientos perturbadores que se presentan como pruebas de resistencia para el individuo humano, e intentamos enfocarlos con la luz de la psicología, del psicoanálisis y de la psiquiatría, aunque siempre con la visión espírita, para invitar al lector a la reflexión y a un cuidadoso análisis en torno a la existencia de la que disfruta.

No presentamos nada nuevo, excepto el enfoque doctrinario que extrajimos del espiritismo y que ha estado ausente en el conocimiento de nobles psicoterapeutas, así como en el de otros especialistas del área de la salud mental y emocional.

Nuestro deseo es contribuir de alguna forma en favor de la salud integral, de la felicidad del ser humano, que es invitado al crecimiento espiritual, casi siempre a través del sufrimiento, dado que se niega a realizarlo mediante el amor.

Con este libro deseamos, asimismo, rendir homenaje a la obra magistral "El Cielo y el Infierno", de Allan Kardec, al cumplirse el 140° aniversario de su publicación, en París (Francia), que se conmemorará el próximo mes de agosto.

Si bien reconocemos la sencillez de nuestro trabajo, deseamos que el gentil lector encuentre en estas páginas elementos útiles para su perfeccionamiento moral y espiritual, que lo ayuden a superar con gallardía los desafíos existenciales.

Juana de Ángelis
Salvador, 24 de junio de 2005.

1

FUGAS PSICOLÓGICAS

• CAUSAS PSICOLÓGICAS DE LAS FUGAS
• DAÑOS INMEDIATOS Y REMOTOS DERIVADOS
• SOLUCIONES

CAUSAS PSICOLÓGICAS DE LAS FUGAS

Normalmente el sistema nervioso central puede soportar altas cargas emocionales, a las cuales diluye o transfiere hacia otro lugar. Debido a los estímulos que genera en el sistema endocrino, este formidable laboratorio glandular responde mediante hormonas específicas, que son producidas y distribuidas a través de una red segura por todo el organismo.

Aunque el *Self* sea el desencadenante de las emociones, la maquinaria orgánica tiene la finalidad de expresarlas.

Ocurre, no obstante, que las sucesivas descargas emocionales perturbadoras sobrecargan de tal forma los nervios que, invariablemente, las más difíciles de solucionar y de aceptar son transferidas hacia los archivos del inconsciente, dando lugar a las fugas psicológicas en que se complacen muchos pacientes.

En vez de enfrentar los problemas con naturalidad, determinadas predisposiciones emocionales impiden la aceptación de los acontecimientos más exhaustivos, y producen un mecanismo automático escapista, mediante el cual el individuo supone liberarse de la dificultad, cuando apenas la posterga.

Tan natural y repetitivo se torna ese fenómeno, que el paciente se deja enmascarar por factores opresivos, que terminan por vencerlo.

Ciertos departamentos selectivos de la mente bloquean en forma automática muchas de las acciones desagradables, que son archivadas en sectores especiales, incluso antes de que sean debidamente analizadas, conforme sería de esperar. Como consecuencia de esa conducta encubridora surgen los mecanismos de transferencia de la responsabilidad, de ausencia de discernimiento, de fugas diversas en el área psicológica.

En la etapa infantil, puesto que no comprende la gravedad de los actos, el niño elude la responsabilidad y recurre a la mentira, fruto natural de su imaginación creadora, que convenientemente orientada encontrará el camino correcto para acrecentar su campo de inspiración y de acción, sin omitir la verdad. En cambio, debido a la falta de orientación en el hogar, donde se trata de castigar al mentiroso -de por sí víctima de la inseguridad y de la inquietud emocional-, sin darle explicaciones acerca de la manera como debe conducirse, el ser crece físicamente, pero permanece en el período de la infancia psicológica, lo que es muy lamentable.

Muchas veces, ante los grandes desafíos, para los cuales no se siente preparado, pues le faltan los recursos adecuados para enfrentarlos, el individuo huye hacia actitudes frívolas e irresponsables, como si procediera de manera correcta.

El fenómeno se agrava cuando la necesidad de evadirse se vuelve más apremiante, pues lo conduce a un estado de omisión de los compromisos difíciles, dando la impresión de una conducta incompatible con la dignidad y el buen sentido.

Es común que se observe la agresión verbal contra otros, motivada por la envidia -que es su causa real-, aunque esté disfrazada de defensa de tal o cual ideal, de una u otra forma de comportamiento. En esa actitud se halla implícita una fuga psicológica que oculta la causa real de la decepción, transformada en rebeldía y amargura.

Algunos estados predepresivos también son el resultado de la incapacidad de resolver los desafíos existenciales, lo que permite al individuo esconderse en el miedo, que lo lleva al mutismo, al alejamiento de la convivencia social y familiar, como una forma de evadirse de todo tipo de sufrimiento.

Este mecanismo de fuga es muy curioso, si se toma en cuenta que el enfermo se enfrentará con aquello que quisiera evitar, puesto que lo torna desdichado e inseguro en el refugio peligroso donde se oculta. Evidentemente, con el transcurso del tiempo, aumenta la insatisfacción para con su existencia y desciende al abismo de la depresión psicológica, con lo que hace que el organismo -debido al impacto continuo de la mente recelosa- sufra una perturbación en las neurotransmisiones, por la falta de serotonina y noradrenalina.

El ser humano se encuentra equipado con valiosos recursos que deben aplicarse en la vida cotidiana, de modo tal que se amplíen las posibilidades latentes en él, y se exprese la potencialidad divina que lo constituye.

Cada vez que se trata de evitar el esfuerzo y la lucha, se está procediendo en sentido contrario a las *leyes de la vida*, las cuales imponen el movimiento y la acción como recursos de crecimiento psicológico, moral, intelectual, espiritual.

Nadie crece o se desarrolla en estado de parálisis.

De igual modo, el ser pensante, cuantos más estímulos produce en respuesta al impacto de los ideales, de las aspiraciones, de los programas de esclarecimiento, más valiosas posibilidades se manifiestan en él, alentándolo.

Se ha comprobado que los luchadores, en todas las áreas de la existencia, más se perfeccionan cuanto más producen y se esfuerzan.

De tal modo, se activan resistencias morales que no se conocían y aparecen recursos ignorados, los cuales facilitan las tareas programadas.

Por otra parte, las herencias espirituales vinculadas a experiencias pasadas continúan orientando el inconsciente profundo, y generan automatismos que bloquean todas las experiencias que se presentan a favor de la paz.

Cuando esas herencias se fortalecen y desbordan con mayor facilidad de los depósitos donde se encuentran archivadas, inducen al suicidio, mediante un mecanismo de transferencia de la responsabilidad hacia aquel a quien el individuo atribuye las razones de lo que erróneamente considera como un fracaso.

Muchas veces son pasiones incontrolables, caprichos derivados de conductas equivocadas que se desea imponer a otros, quienes -por su parte- tienen derecho a rechazarlas sin aceptar esa intromisión en la postura independiente, que siempre debe prevalecer en el individuo.

Todas las empresas atraviesan períodos de progreso y de decadencia, debido a razones sociales, económicas, políticas, humanas.

Lo mismo ocurre con la existencia física, por tratarse de un emprendimiento de extraordinaria magnitud, que está sujeto a las más diversas circunstancias, especialmente las emocionales, que de alguna forma constituyen factores de seguridad y equilibrio.

La indiferencia, que muchas veces es motivo de aflicción para quienes soportan esa actitud, es un recurso de fuga psicológica empleado por quien se considera incapaz de competir, o de aceptar el fracaso del propósito anhelado. Como no se siente apto para compensar la pérdida, disminuye la intensidad del sentimiento afectivo y rechaza, a modo de muerte de la emoción, aquello que considera una ofensa.

Es normal que en la actividad diaria de la existencia humana se produzcan algunas fugas psicológicas, a modo de recurso neutralizador del excesivo volumen de informaciones que bombardean al individuo a través de los diversos medios de comunicación masiva, de las conversaciones poco edificantes, de las convivencias enfermizas.

Ante la imposibilidad de realizar una catarsis, que liberaría de la carga adicional aflictiva, la conciencia borra momentáneamente las informaciones y huye hacia comportamientos que le parecen más saludables, compatibles con sus aspiraciones.

La salud mental y emocional, y por extensión la salud física, serán siempre el resultado de ese equilibrio psicofísico, que debe animar a los individuos que se preparan interiormente mediante el cultivo del optimismo y la confianza irrestricta en Dios y en la vida.

DAÑOS INMEDIATOS Y REMOTOS DERIVADOS

El hábito de evitar las responsabilidades y los deberes que parecen insoportables, conduce al individuo a una falsa comodidad, caracterizada por una conducta frívola e infantil.

Todos los seres humanos existen para realizar su crecimiento interior, su *individuación*.

Inútilmente se pretende burlar el imperativo del progreso, que es el recurso adecuado para la conquista del *Sí profundo* y de todas sus potencialidades.

Cuando por una razón u otra, se opta por la comodidad, por lo ya realizado, por lo conocido, se desperdicia la energía vital y se empobrece la existencia, cuya finalidad principal es el enriquecimiento mediante la sabiduría.

De ese modo, los mecanismos de fuga psicológica casi siempre convierten al paciente en un candidato al estado de inconsecuencia moral, fruto de la constante evasión de la realidad hacia un universo de fantasía, donde todo se realiza mágica y utópicamente.

Esa inmadurez emocional hace que se pierda el interés por los nobles ideales, aquellos que exigen una posición adecuada y una lucha continua, sin dar abrigo a comportamientos alienantes o defensivos.

La culpa ancestral, plasmada en el inconsciente del individuo, ejerce una presión muy grande sobre su conducta actual, y lo estimula a evadirse de la realidad, a que rehúse los compromisos importantes, para mantener atormentada a su víctima, que se halla siempre a la espera de algo perturbador.

Ignorar la responsabilidad de ninguna manera la anula. Por el contrario, solo la transfiere en el tiempo y en el espacio, hacia enfrentamientos inevitables en el futuro, en situaciones aflictivas durante el compromiso de la reencarnación.

Desde el punto de vista psicológico, el individuo pierde la autoestima y se considera incapaz de realizar actividades que le exijan esfuerzo, porque se ha acostumbrado a desistir ante la activación de fuerzas físicas, morales o intelectuales.

Con el tiempo, se torna ingrato y supone que no es amado, sino traicionado por sus amigos, que lo dejan de lado en los proyectos que se concretan alrededor suyo, y acumula disgustos y amarguras totalmente injustificables.

Por cierto, las demás personas no están capacitadas para la convivencia fraternal con aquellos que son negligentes, con quienes no se puede contar en los momentos difíciles, los que siempre están postergando decisiones… Después de un cierto período de tolerancia, las personas se alejan y buscan a sus pares entre los espíritus luchadores, valerosos y emprendedores, con los cuales se sienten a gusto.

Los primeros son considerados enfermos, necesitados de compasión más que de amistad, mientras que los segundos son vistos como compañeros, pues participan de tareas y de la convivencia de diverso tenor.

La búsqueda de la armonía es inevitable en el ser humano. Lograrla, no obstante, constituye una empresa que se debe llevar adelante con auténtico sentimiento.

A sabiendas de que se trata de un logro fundamental, el empeño de fuerzas y de emociones constituye, sin duda, un fenómeno espontáneo, al cual no se lo puede considerar un sacrificio.

El héroe, aun cuando caiga en el campo de batalla, no debe por ese sacrificio ser calificado como víctima. El gesto de entregar su existencia es para él un motivo de alegría, de confirmación de la nobleza del ideal que vibra en su mundo interior.

Cuéntase que Solón, el mayor sabio de Grecia en aquella época, durante un banquete que le ofreció el rey Creso -en Sardes, capital de Lidia-, fue consultado por ese monarca acerca de cuál era, en su opinión de viajero ilustre, el hombre más feliz de la Tierra, teniendo en cuenta que se hallaba en presencia de la persona más rica del mundo.

Sin perturbarse, después de haber visitado la sala de los tesoros reales, el pensador hizo referencia a que en Atenas había conocido a un joven, cuyo nombre era Telus, quien después de cuidar a su madre enferma, y de acompañarla hasta el momento de la muerte, dedicó el resto de su existencia a la defensa de su ciudad.

Con cierta frustración, el vanidoso rey volvió a la carga y le preguntó, entonces, quién sería la segunda persona más feliz del planeta; a lo que recibió otra respuesta desmoralizadora, porque Solón afirmó que había conocido a dos jóvenes, en Atenas, cuyas existencias habían llegado a destacarse por la elevación moral y la nobleza de sus sentimientos, quienes se inmolaron en defensa de la ciudad…

Al sentirse subestimado, el rey Creso, que confundía el poder con la armonía interior que propicia la felicidad, no disimuló la falta de consideración con que comenzó a tratar a su invitado, quien también le manifestó que nunca se olvidara del castigo del tiempo, es decir, de la fatalidad de la propia vida, que modifica los comportamientos, los hechos y las circunstancias, de manera tan prodigiosa como inesperada.

(…) Ocurrió que Creso, en su guerra trágica contra Ciro -rey de los persas-, debió ver que su ciudad había sido incendiada, que habían saqueado sus tesoros, y más tarde fue tomado preso y condenado a la hoguera. Entonces, recordó las palabras de Solón, en el preciso momento en que el conquistador pasaba delante de él. Ciro, que simpatizaba con el filósofo, le preguntó a Creso cuál era la causa por la cual había manifestado que el sabio tenía razón. Creso le explicó lo sucedido, de modo que Ciro, dominado por la compasión que le inspiraba el vencido, lo liberó, mientras clamaba acerca de que algún día él mismo podría caer en la situación de Creso, por lo que esperaba recibir la misma complacencia de parte de su vencedor.

Creso fue nombrado auxiliar del rey, a quien prestó relevantes servicios, y continuó en la corte persa incluso después de la muerte de Ciro, cuando fue sustituido por su hijo, Cambises…

El castigo del tiempo consiste en la inexorabilidad del progreso, de las transformaciones incesantes a las que todo y todos están sometidos.

Así pues, los mecanismos de fuga de la responsabilidad y del deber solamente atormentan a quienes se entregan indefensos a ellos, cuando sería más factible y apropiado luchar con tenacidad, hasta superar los propios límites, e imponer la voluntad a los temores y los conflictos: una conducta mediante la cual el ser humano encontraría la autorrealización, la paz.

SOLUCIONES

El ser humano posee inigualables tesoros íntimos, que aún no han sido explorados conscientemente.

Ante los deberes de la existencia, le compete recurrir a esos valores grandiosos y empeñarse para superar los impedimentos, que se presentan como un fenómeno completamente normal y común a todas las criaturas.

La necesidad de los desafíos forma parte de la existencia humana. Sin ellos, el proceso de crecimiento interior quedaría interrumpido, lo que daría lugar a profundos trastornos del comportamiento, que se convertirían en patologías de difícil solución.

El *ego*, temeroso del denominado fracaso -que es siempre una situación previsible y reparable-, decide evitar los procesos desafiantes y enmascarar la realidad para huir a un mundo de fantasía, constituido por sueños utópicos e irrealizables que han sido generados por las frustraciones.

Sencillos ejercicios de afirmación de la personalidad y de autodescubrimiento de los valores adormecidos cumplen la función de una valiosa terapia, porque estimulan al paciente a nuevos y continuos intentos que alcanzan resultados favorables, hasta la eliminación del sutil complejo de inferioridad e incluso la dilución, poco a poco, de la culpa perturbadora.

Cada victoria, por más insignificante que se presente, sirve de base para futuros emprendimientos, que favorecerán la autoconfianza, con el reconocimiento de las potencialidades ignoradas, que responden por las fuerzas morales que posee el *Self.*

Cuanto más se posterga el encuentro con la realidad elaborada por el Yo consciente actual, más difícil se torna la obra de la identidad personal, que se presenta como desprovista de significados elevados, y oculta las imperfecciones que, finalmente, forman parte de todo proceso evolutivo.

A medida que se alcanzan los niveles más elevados, otros surgen atractivos, demostrando que no existe un descanso definitivo para quien anhela la plenitud sin nuevas metas para conquistar.

Si se acopian las realizaciones, unas sobre otras, se producirá una sumatoria de experiencias que impulsan al individuo con certeza, en el rumbo seguro de la realidad.

Nadie llega a la cima de un monte sin haber superado las dificultades iniciales de las planicies. Vencida una etapa, se torna más fácil avanzar en dirección a la siguiente, hasta que se logra el objetivo buscado.

La verdadera salud psicológica no condice con la precipitación ni con la audacia, que podrían parecer heroísmo. Casi todos los triunfadores han experimentado momentos de temor y de perplejidad, antes de alcanzar el éxito que ahora corona sus existencias.

En ese sentido, la práctica de las buenas acciones aporta valentía para llevar adelante proyectos más ambiciosos en las relaciones interpersonales, en la convivencia social y en la maduración de la realidad del individuo.

Siempre que alguien se predispone a auxiliar, experimenta una fuerte empatía -resultado de las continuas descargas de adrenalina estimulante-, que le infunde valor para nuevas realizaciones y bloquea los temores infundados.

Cuando surge esa disposición auténtica para superar las fugas psicológicas, sean conscientes o no, se desarrollan de manera automática los sentimientos íntimos que proporcionan bienestar y alegría de vivir.

La preservación de las fugas emocionales -el ocultamiento de la propia realidad- se convierte en un tormento, porque aquellas enmascaran al ser con júbilos que no existen y con satisfacciones irreales.

Asumir, por lo tanto, las propias dificultades, constituye uno de los pasos necesarios para superarlas.

Como todos los individuos son seres humanos en proceso de crecimiento, de reparación, en la trayectoria carnal -dado que aún son portadores de imperfecciones de diversos tipos-, la aceptación de uno mismo en las condiciones en que se encuentra es un recurso valioso, para comprender los límites que caracterizan a los demás, adquiriendo tolerancia para con las faltas ajenas, ante las propias condiciones que a partir de entonces se vuelven conocidas.

La culpa se transforma en autoperdón, el miedo se convierte en estímulo para el avance continuo, y las incertidumbres se vuelven convicciones acerca de la propia victoria: ¡la salud integral!

2

PEREZA

• FACTORES CAUSALES DE LA PEREZA
• TRASTORNOS GENERADOS POR LA PEREZA
• TERAPIA PARA LA PEREZA

FACTORES CAUSALES DE LA PEREZA

La pereza o propensión a la inactividad, con el fin de no trabajar, conocida también como lentitud para ejecutar todo tipo de tarea, o caracterizada como negligencia, desidia, parsimonia, es un desvío de la conducta que merece una mayor consideración de la que se le ha dispensado.

Surge naturalmente, y se expresa como efecto de algún tipo de cansancio, o incluso como necesidad de reposo, de renovación de las fuerzas y del entusiasmo para la lucha de la existencia.

Sin embargo, cuando el período reservado para la recuperación de las energías resulta prolongado, optar por la comodidad que se niega a las actitudes indispensables para el progreso, resulta ser un fenómeno anómalo de conducta.

Es normal aspirar al confort y al descanso, pero hay muchos individuos que se entregan a ello sin que medie esfuerzo físico o moral para conseguirlos.

La pereza puede manifestarse de manera tranquila, cuando el paciente se permite muchas horas de sueño, con una permanencia prolongada en el lecho, incluso luego de haber dormido, con las cortinas cerradas y el ambiente a oscuras, sin que el tiempo sea aprovechado de manera correcta para leer, reflexionar, orar.

Si bien con esta actitud no perturba a los demás, tampoco se predispone al equilibrio ni a la acción.

Lentamente, esa conducta se torna enfermiza, y genera conflictos psicológicos, o bien es el resultado de ellos, a causa de ideas perturbadoras acerca de que no se es una persona valiosa, que nada favorable le ocurre, que no tiene méritos o que los demás no la consideran.

Ese tormento, agravado, se transforma en pesimismo, que impulsa cada vez más a situaciones de negatividad y de resentimiento.

Puede también convertirse en un mecanismo de autodestrucción, debido a la ausencia creciente de la aceptación de sí mismo y a que se pierde la necesaria contribución a la autoestima, para una existencia saludable.

La persona asume una actitud retraída y silenciosa, y evita todo tipo de estímulo que pueda liberarla de la opresión, a la que se somete espontáneamente.

Dañina, la pereza relaja las extremidades, hace que la mente razone con lentitud y, algún tiempo después, presenta disturbios en el lenguaje y en la motilidad.

También puede presentarse como pérdida del entusiasmo por la vida, y ausencia de motivación para realizar esfuerzos dignificantes o algún tipo de acción que sirva de estímulo.

Su centro de actividad es el *ego*, que solamente se considera a sí mismo, y evita expandirse en dirección a las demás personas, con cuya convivencia podría absorber entusiasmo y alegría para volver a tomar el arado, con el que debe abrir surcos en el suelo de los sentimientos, para la siembra de la buena voluntad y del bienestar.

La evaluación hecha por el individuo en ese nivel es siempre deprimente, porque no tiene capacidad para ver las conquistas alentadoras que ha obtenido, ni las posibilidades -casi infinitas- de crecimiento y edificación.

El tedio domina sus paisajes interiores, y la ausencia de ideales se refleja en la indiferencia con que enfrenta los acontecimientos, que en otras circunstancias constituirían un estímulo para nuevas actividades.

Ese falta de interés brota, casi siempre, de la carencia de horizontes mentales más amplios, así como de la aceptación de anteojeras idealistas que impiden la visión profunda y compleja de las cosas y de las formulaciones espirituales, lo cual limita el campo de observación -cada vez más estrecho-, que pierde el colorido y la luminosidad.

En otra situación, puede ser la consecuencia de un choque emocional no asimilado conscientemente, con lo cual el resentimiento invadió el área mental, y la persona se considera desprestigiada o perseguida, y cuya contribución al desarrollo general ha sido rechazada.

Normalmente, quien se comporta de ese modo es víctima de un elevado egotismo, pues solamente se siente bien cuando se destaca, aunque no disponga de los recursos necesarios para las acciones que debe desempeñar.

Cuando comprueba que es incapaz, se refugia en la envidia y en la acusación a los demás, negándose la oportunidad de recuperarse interiormente, a fin de enfrentar los desafíos que son completamente naturales en todo tipo de emprendimiento.

La falta de interés es una forma de muerte del idealismo, a causa de la ausencia de sustentación estimuladora para continuar prosperando.

También es posible identificar otra modalidad, en la que se apoya la pereza para continuar afligiendo a las personas desprevenidas. Es aquella en la cual el aislamiento se presenta como una venganza contra la sociedad, como un deseo de no involucrarse con nada ni con nadie, y de distanciarse cada vez más de todo lo que es inherente al grupo familiar, social y espiritual.

Por lo general, ese comportamiento es fruto de alguna decepción injustificada, que resulta del exceso de juzgarse a sí mismo como superior, algo que los otros no han podido confirmar, o bien porque no se sometieron a su arrogancia.

Como se genera una gran dosis de resentimiento, no hay modo de esclarecer al individuo, debido a la actitud a la cual se entrega, alimentando ira y deseos de destruir todo aquello que le parece una amenaza para su conducta enfermiza.

Desde el punto de vista espiritual, el enfermo de pereza -que puede volverse crónica- aún se encuentra en una etapa primaria de desarrollo, y carece de resistencias morales para las luchas, así como de valores personales para enfrentar los desafíos.

Retrocede ante cualquier impedimento, y se complace en acusar a los otros o en afligirse a sí mismo, para huir de la responsabilidad que no desea asumir.

La pereza prolongada puede expresar también un síndrome de depresión, mediante el cual se instalan los disturbios de comportamiento afectivo y social, que generan desánimo y ansiedad profundos.

TRASTORNOS GENERADOS POR LA PEREZA

El paciente que se entrega a la ociosidad debilita su carácter, lo cual le impide realizar algún esfuerzo en favor de su recuperación.

Dado que con la falta de actividad se siente bien -aunque de un modo patológico-, tiende a permanecer improductivo y se convierte en un pesado fardo para la familia y la sociedad.

En relación con cualquiera de los motivos -ya mencionados- que desencadenan la pereza, la baja estima y la fuga psicológica son los factores predominantes en ese comportamiento enfermizo.

El cuerpo es instrumento del Espíritu, y necesita ejercicio, movimiento, actividad, a fin de preservar su propia estructura. Mientras el Espíritu exige reflexiones, continuos pensamientos edificantes para nutrirse de energía saludable, el cuerpo impone otros deberes, a fin de llevar a cabo la tarea para la cual ha sido organizado. La indolencia, que paraliza por la falta de acción, conduce a la flacidez muscular, a la pérdida de movimientos, a las dificultades respiratorias y digestivas, en un cuadro enfermizo que tiende a empeorar cada vez más, en caso de que no se produzca una reacción positiva.

A causa del pesimismo que se adueña del enfermo, la convivencia con él se hace difícil, y su aislamiento lo atormenta cada vez más, porque la *autolamentación* se transforma en una idea fija, además de que culpa a otras personas porque no muestran interés en su situación ni procuran socorrerlo, lo que para él equivale a que también permanezcan inútiles al lado suyo, auxiliándolo en la autoconmiseración que experimenta.

En realidad, no solicita ni desea una ayuda auténtica, sino que protesta por la falta de ella, para complacerse mejor en la situación a la que se entrega voluntariamente.

La existencia en la Tierra está constituida por continuos desafíos, que siempre están estimulando a la conquista de nuevas experiencias, al desarrollo de las aptitudes adormecidas, al valor y al coraje, mediante continuas actividades enriquecedoras.

La mente que no se ejercita con pensamientos saludables, se entorpece o cultiva ideas destructivas, vulgares, insensatas, que siempre agravan la conducta perniciosa.

Pensar es una bendición que contribuye a la capacidad del raciocinio, a fin de que se puedan elaborar proyectos y propuestas que mantengan el entusiasmo y la alegría de vivir.

Simultáneamente surge, de vez en cuando, cierta lucidez, y el paciente se critica por no disponer de fuerzas para modificar la situación en que se encuentra, desanimándose aún más, pues considera que la rehabilitación es imposible. Se genera un círculo vicioso: el paciente no dispone de energías para luchar, y se niega a la lucha porque supone que el esfuerzo es inútil.

Otras veces, se refugia en el mal humor, y se vuelve ofensivo contra aquellos que lo invitan al cambio de alternativa, que le explican que todo depende exclusivamente de él, ya que nadie puede ingerir el medicamento que sólo él necesita.

La destreza, el esfuerzo, la habilidad -en todas las áreas-, son consecuencia de los intentos exitosos o frustrados que el individuo se permite, y que resultan de la repetición sin enojo ni quejas, a fin de alcanzar la conquista y la realización personal.

Con la pereza se produce una adaptación a la inutilidad, y una castración psicológica en relación con las tentativas liberadoras.

El paciente, en ese caso, prefiere dar lástima en lugar de recibir amor, experimentar compasión en vez de contar con el compañerismo estimulante, permanecer en soledad antes que mantener una convivencia agradable.

Prevenido contra los recursos alternativos de la salud, elude a aquellos que desean auxiliarlo infundiéndole ánimo, y cuando es sorprendido por alguna orientación, de inmediato reacciona con violencia intempestiva, afirmando: *Tú no sabes lo que siento, y no cabe duda de que no crees en lo que sucede en mi mundo interior... Supones que estoy fingiendo.*

Por cierto, el otro no conoce el trastorno que se produce en el enfermo, pero sabe que el esfuerzo que invierta en él podrá contribuir eficazmente a modificar la situación en que se encuentra.

A partir de entonces, el amigo y candidato al auxilio es evitado y considerado un adversario, un crítico que perturba su paz, como si la indolencia tuviera algo que ver con la tranquilidad y la armonía íntima...

La casi absoluta insensibilidad en relación con él mismo, con su recuperación y con el sufrimiento que ocasiona a la familia -cuya estructura se altera-, complica aún más el cuadro, porque bloquea el discernimiento en torno a los propios deberes, y transfiere hacia el prójimo las responsabilidades que pesan sobre su conciencia, al igual que las tareas que debe desempeñar para su propio beneficio.

La pereza mina la autoconfianza y destruye las posibilidades de una pronta recuperación.

Es natural que atraiga a Espíritus ociosos, que se complacen en el banquete de las energías animales del paciente, que es sometido a la telementalización y conducido a las fases más graves, a fin de que permanezca como objeto de vampirismo.

Los centros vitales de la emoción y del comportamiento son explotados por esas entidades infelices, al punto que se descomponen y funcionan de modo irregular, provocando alteraciones en la organización somática, cuando ya la organización psíquica y los sentimientos están seriamente afectados.

TERAPIA PARA LA PEREZA

Algunas veces, el paciente puede recibir una inspiración superior y preguntarse a sí mismo: *¿Por qué estoy sufriendo innecesariamente? ¿Hasta cuándo soportaré esta situación deplorable?*

Eso constituye un despertar terapéutico hacia el cambio de conducta, lo que siempre depende del propio paciente.

Comienza a sentir vergüenza por el estado en que se encuentra; se muestra incómodo como resultado de la inutilidad de su existencia, y da comienzo a la labor de renovación íntima y al deseo de recuperar la salud y el bienestar, sin recurrir a los mecanismos de escape ni perturbadores.

Entonces, surgen atisbos de equilibrio emocional, el espontáneo deseo de recuperarse, y comienza a considerar a la pereza como algo molesto y monótono, irritante y carente de sentido, que causa aflicciones innecesarias, puesto que de ella no puede extraerse nada útil.

Ese proceso inicial que consiste en descubrir la pereza tal cual es, proporciona estímulos para el cambio de conducta, para la aceptación de nuevos ejercicios que estimulen el despertar, que liberen gran cantidad de energía almacenada, que se hallaba impedida de fluir debido a los mecanismos de fuga de la realidad.

El paso siguiente es destruir la identificación con la pereza, con la condición de enfermo o inútil, experimentando la alegría que resulta del acto de servir, de poseer los instrumentos activos para la producción de todo lo que implica un logro personal.

A continuación, caen las anteojeras que dificultaban la visión global de la vida, el *ego* cede lugar a la necesidad de convivencia y de comprensión fraternal, abriendo espacios emocionales y mentales para realizaciones más audaces.

Por cierto, no se trata de una simple resolución con efectos inmediatos, milagrosos -que no existen-, porque después de un largo período de ociosidad, el organismo emocional y físico se encuentra con las limitaciones impuestas por el letargo.

Es necesario que las lecturas edificantes comiencen a ejercer influencia en su panorama mental, y que las viejas anécdotas de autocompasión -a las que el paciente estaba acostumbrado, como parte del alimento de su existencia-, cedan lugar a los estímulos de la buena convivencia social y afectiva, los cuales serán una motivación para los progresos permanentes.

En ese sentido, la oración y la bioenergía brindan recursos inestimables, junto con una psicoterapia basada en labores debidamente orientadas, a fin de que el paciente vuelva al mundo real con una nueva disposición, para encontrar estímulos que le permitan continuar la tarea que ha comenzado.

La actividad debidamente orientada constituye un *lubricante* eficaz de los mecanismos orgánicos y mentales, pues estimula las emociones agradables, necesarias para alcanzar la salud integral.

3

IRA

• IRA Y PRIMITIVISMO
• IRA Y TRASTORNO EMOCIONAL
• TERAPIA PARA LA IRA

IRA Y PRIMITIVISMO

La ira es un sentimiento que se exterioriza cada vez que el *ego* se siente herido, a raíz de lo cual libera a ese abominable adversario, que destruye la paz del individuo.

Se instala de improviso, motivada por algún conflicto explícito u oculto, y arroja golpes violentos de injuria y de agresividad.

Inherente a todos los animales, en el caso del ser humano -debido a que este es portador de voluntad y discernimiento-, la ira es responsable de los trastornos que logran nublar la razón y perturbar el equilibrio, produciendo daños emocionales de limitado o gran alcance, que dependerán de la extensión y de la profundidad con que se presente.

Cuando los instintos agresivos tienen predominio en la contextura del ser, ante algún acontecimiento desagradable, sea real o imaginario, este se complace en esa situación dañina, en un estado de agitación irreflexivo cuyos resultados siempre son lamentables, cuando no funestos.

Si en él predomina el instinto de dominación arbitraria, en una falsa posición de superioridad, al percibir la fragilidad de esa conducta y la imposibilidad de imponerse -dado que no es considerado como lo desearía-, recurre al mecanismo psicológico de la ira, para exteriorizar la violencia ancestral que está adormecida en su interior.

A semejanza del incendio, que puede comenzar con una chispa y ocasionar perjuicios incalculables por su extensión, también la ira puede ser activada con una simple insinuación de escasa importancia, y transformarse en un volcán de cólera destructiva, avasalladora.

Hay individuos especialmente dotados de facilidad para encolerizarse, que alternan esa emoción con la psicastenia: un término acuñado por C. G. Jung para aludir a la debilidad psíquica, responsable de un estado de astenia psíquica constitucional, con una fuerte tendencia a la depresión, al temor, a la incapacidad para soportar desafíos y dificultades mentales…

La ira produce una elevada descarga de adrenalina y cortisol en el sistema circulatorio, que llega al sistema nervioso central; este se agita y produce ansiedad, que mantiene la sangre en la parte superior del cuerpo, lo que ocasiona diversos perjuicios en las organizaciones física, emocional y psíquica.

Cuando se repite con frecuencia, produce el endurecimiento de las arterias, y predispone a variados disturbios orgánicos…

En cierta forma, la ira es un mecanismo de defensa del instinto de conservación de la vida, el cual se opone a todo acontecimiento que interprete como una agresión, y reacciona de inmediato, cuando debería proceder de manera racional. Dado que obnubila la facultad de discernir, irrumpe ocasionando desastres, dejando a su paso desánimo, cansancio y debilitamiento de las fuerzas, cuando cesa de inmediato su furor…

El animal salvaje ataca cuando es perseguido o está hambriento, y se calma tan pronto como logró su objetivo.

El ser humano, más allá de esa conducta, agrede antes, por miedo a ser agredido, y aumenta la gravedad de todo acto producido por la coerción del pánico que transitoriamente se instala en él ante las situaciones que considera peligrosas, evitando racionalizar esa actitud, sino aparentemente complaciéndose en ella, sosteniendo su superioridad sobre el otro, a quien atribuye el peligro que lo acecha.

El proceso de evolución de su pensamiento y de su conciencia, que está detenido en los vestigios del período egocéntrico, ahora transformado en egoísta, estimula ese comportamiento inoportuno y perjudicial, cuyos efectos dañinos experimentará de inmediato en toda su magnitud.

La ira es un círculo vicioso, porque el individuo se adapta a esa exigencia y comienza a generar un comportamiento agresivo, cuando no experimenta una actitud permanente de mal humor.

Esa ira lamentable es el resultado de pequeñas frustraciones y continuas castraciones psicológicas, que muchas veces tienen comienzo en el núcleo familiar, cuando padres rigurosos e imprudentes, violentos e injustos, asumen una actitud represiva para con los hijos, y se imponen sin dar lugar al diálogo esclarecedor.

Lentamente, esos estados de amargura se acumulan, dada la falta de oportunidad de defensa o de justificación, y se convierten en una silenciosa rebeldía, que estallará en forma indebida cuando se hayan transformado en una carga muy pesada en la conducta.

Debido a la necesidad espontánea de afirmación de la personalidad, el niño es temeroso, especialmente porque le falta discernimiento y porque le es necesario adquirir experiencias, lo que genera conflictos con los padres y los familiares mayores, que no siempre están dispuestos a conversar con explicaciones, ni saben cómo resolver esos conflictos inherentes al desarrollo intelectual y emocional del educando.

Exigen silencio, respeto, y no dan lugar a las discusiones sinceras, apropiadas para las elucidaciones que resulten necesarias, a fin de que el niño comprenda las situaciones existenciales y las posibilidades de acción, en lo que a cada uno le compete realizar.

También ocurre cuando los padres son descuidados y no se interesan por los problemas de la prole, ocasionándole un profundo resentimiento -al principio inconsciente-, que desborda a modo de ira acumulada.

Otras veces, como resultado de la timidez, el individuo se refugia en la ira; y debido a que no puede expresarla, huye en dirección a trastornos profundos que lo atormentan.

La falta de conocimiento de sus propias debilidades emocionales, hace que no disponga de equilibrio para los enfrentamientos, las competiciones, las discusiones, y que derive fácilmente hacia el comportamiento lamentable de la ira.

Muchos accidentes automovilísticos son el resultado de la ira incontenible de los conductores, que no toleran ser superados por otros en las autopistas, en las calles ni en las avenidas, aunque transiten a baja velocidad. Como se sienten subestimados por el otro -un razonamiento muy personal y carente de fundamento-, en vez de ceder el paso cuando observan que el otro vehículo los alcanza, aceleran y avanzan ambos desbordantes de ira, hasta que surge un tercero en sentido opuesto y, aun cuando este respete las normas, se produce una tragedia.

Bastaría con un poco de sentido común, de serenidad, para cooperar uno con otro, y todo se resolvería sin perjuicio alguno.

Durante la práctica de deportes, en la política, en la religión, en el arte, sea como participantes o espectadores, esos aficionados no admiten el triunfo del otro -a quien consideran su adversario, cuando solamente es un competidor-, de modo que se encolerizan y dan lugar a situaciones graves, que muchas veces redundan en crímenes absurdos.

La ira es un choque violento que estremece profundamente al ser humano, y deja en él rastros de desaliento y desdicha.

Suele estar presente en las discusiones domésticas, cuando los integrantes de la pareja no admiten ser reprendidos o invitados a reflexionar, por actitudes incompatibles con el afecto o derivadas de situaciones que surgen, que deben ser aclaradas con miras a una mejor relación.

En vez de hacer un análisis tranquilo del fenómeno, la tiranía del *ego* lo exalta; el instinto de predominio del más fuerte se pone en evidencia, y la persona supone que está siendo disminuida, criticada, de modo que reacciona antes de escuchar, y se defiende antes de ser acusada, recurriendo a la agresión innecesaria, de la que siempre se arrepiente después.

IRA Y TRASTORNO EMOCIONAL

La ira tiene dos vertientes de origen: la primera y más remota es de naturaleza espiritual, pues se origina en alguna existencia anterior del Espíritu, cuando este, más soberbio y primitivo, se imponía dondequiera que se encontrara, desarrollando sentimientos de opresión y de falta de respeto a los derechos ajenos, siempre despreciados; la segunda tiene origen en la actualidad, es decir, en la existencia presente, cuando factores temperamentales, educacionales y socioeconómicos, empujan al individuo a una situación penosa, que genera conflictos.

En el primer caso, existe un conflicto ancestral, que se ha instalado a modo de culpa, que lo predispone a un estado de alerta constante como mecanismo de autodefensa. El inconsciente le impone la falsa tesis de que el mundo le es hostil, y que las personas se encuentran equipadas con valores orientados a someterlo a sus voluntades.

En el segundo caso, se origina una disposición especial para que se instale el conflicto de inseguridad psicológica, desencadenante de la ira.

Cuando se produce algún hecho al cual no consigue comprender de inmediato, si el individuo no se siente capaz de enfrentarlo o se considera humillado, el complejo de inferioridad lo induce a oponer actitudes grotescas y agresivas.

Es prudente, por lo tanto -como una terapia preventiva-, mantener el equilibrio necesario frente a todo acontecimiento nuevo e inesperado, y tratar de entenderlo antes que permanecer a la defensiva, como si las demás personas estuvieran agrediéndolo o fueran adversarios suyos, y el mundo entero se opusiera a él.

La acumulación de pequeñas iras no liberadas termina por convertir al ser en un desdichado, pues lo aflige a nivel emocional, y lo conduce especialmente a trastornos depresivos, debido a que carece de un objetivo existencial, así como de interés para proseguir la lucha, y se detiene en la rebeldía ante los acontecimientos que considera perjudiciales para él.

Muchas veces, cuando uno de los integrantes de una pareja sobrevive, en la marea de la existencia corporal tras la desencarnación del otro, acumula iras que se convierten en resentimientos, por no haberlas liberado en el momento en que se presentaron a modo de frustraciones y disgustos, durante la convivencia con el ser que partió. Dado que la muerte interrumpió el ciclo de la experiencia física, el que permanece en el cuerpo se siente herido, porque supone que sufrió sin necesidad, a partir del descubrimiento de infidelidades que ignoraba, porque despertó del letargo que la unión le había impuesto, y entonces comienza a vivir con resentimientos profundos...

Desde otro enfoque, el *ego* exaltado rememora los momentos felices y se encoleriza, por el hecho de que fue muy amado y se ha quedado solo, como si la muerte hubiera sido una opción del otro.

En los suicidios, aquellos que quedan, en vez de compadecerse de los infelices que optaron por la fuga, son dominados por la ira de sentirse culpables, o no amados, o porque no fueron consultados por el suicida antes de que tomara esa decisión, y alimentan rencores, que se acumulan y, frecuentemente, terminan por intoxicarlos.

La ira tiene el poder lamentable de corromper el sentimiento de la criatura humana.

Su persistencia genera trastornos en el sistema nervioso central, a consecuencia de disfunciones de algunas de las glándulas de secreción endocrina, debido a diversos problemas del aparato digestivo, y a un comportamiento psicológico irregular.

Cuando eso ocurre, invariablemente surgen las somatizaciones, las cuales, si no son tratadas cuidadosamente, ocasionan procesos degenerativos en algunos órganos.

La culpa inconsciente domina a una gran cantidad de seres humanos, durante su travesía carnal.

Cuando es liberada por el inconsciente profundo, el paciente considera que será castigado y, si eso no sucede, adopta una de las siguientes posturas:

a) se autocastiga, negándose a sí mismo la alegría de vivir, y evitando los recursos que podrían hacerlo más feliz, pues se priva de relaciones afables, porque cree que no las merece;

b) se vuelve agresivo para evitar que se le aproximen, o para considerarse una víctima permanente de los artificios maléficos de la humanidad -según argumenta.

Mientras el *Self* no tenga conciencia de la necesidad del autoconocimiento -mediante el cual podrá identificar la culpa en sus comienzos-, además de que se predisponga a la autoestima, al autorrespeto, a la autoconsideración, la culpa se desarrollará cruelmente, disfrazada de celos -inseguridad y autodesvalorización-, de infelicidad -complejo de inferioridad-, de envidia -mezquindad del carácter-, de autocastigo -tormento masoquista-, permitiendo que la ira sea la compañera constante del comportamiento arbitrario.

Tensiones innecesarias invaden el sistema emocional, como ya se ha señalado, y generan un desgaste improcedente, a través del cual se instalan con mayor facilidad los disturbios del comportamiento, como un fenómeno catártico que no se puede postergar.

La ira es un sentimiento de desequilibrio de la emotividad, que merece una vigilancia continua, a fin de que no se transforme en una segunda naturaleza en la conducta del individuo.

En la raíz psicológica del sentimiento de ira, existe algún tipo de miedo inconsciente que la desencadena, llevando a que el individuo ataque antes de que lo agredan, lo que lo torna invariablemente violento y desequilibrado a nivel emocional.

De alguna forma, la inseguridad acerca de su propio valor, así como el temor a ser superado, lo predisponen para que adopte una actitud defensiva contra todo y contra todos, como si esa fuese la mejor manera de evitar los sufrimientos y los desafíos perturbadores.

Por consiguiente, los instintos primitivos predominan a la hora de adoptar decisiones, cuando estas deberían ser controladas por la razón, que siempre descubre la mejor alternativa.

TERAPIA PARA LA IRA

El ser humano efectúa su desarrollo intelectual y moral paso a paso, sin los saltos habituales en las grandes conquistas. Cuando ha superado una etapa del proceso antroposociopsicológico, surge otra que también presenta desafíos, a los cuales la experiencia adquirida anteriormente le permite superar.

Algunas veces resulta lógico que se equivoque, a fin de que vuelva a iniciar el mecanismo de la autoiluminación sin traumas ni desánimo, puesto que la meta es el bienestar, la conquista de la armonía.

La incidencia de la ira es, por lo tanto, absolutamente normal, razón por la que resultaría grave no contar con la capacidad para administrarla.

Toda vez que el paciente sea invadido por un desequilibrio de tal naturaleza, es conveniente que tenga el valor de postergar las decisiones, de responder a fin de aclarar, de discutir en nombre de su propia defensa porque, invariablemente, el *ego* herido lo impulsará a una actitud inadecuada, de la que se arrepentirá de inmediato o más tarde.

El silencio ante la circunstancia perturbadora, y el hecho de no permitir que lo invadan los dardos mentales arrojados por el contrincante, constituyen recursos imprescindibles para no caer en la irritación ni en sus consecuencias dañinas.

Considerarse una persona portadora de virtudes, así como de deficiencias a las que es posible corregir, sujeta a las variaciones del humor y del comportamiento, susceptible de contrariedades y distonías, es un hábito que predispone a la vigilancia. Cuando se recibe una advertencia, es necesario escuchar con atención y evaluar la propuesta, incluso cuando se la presente de manera agresiva o poco delicada. Si fuera útil, se la incorporará como una medida de sabiduría que resultará valiosa; en cambio, si subrepticiamente se identificaran sentimientos negativos de parte del otro, no debería atribuírsele valor alguno, ni significado.

El ejercicio de la paciencia contribuye a aceptar la vulnerabilidad de que se está constituido, de modo de no agregar la irrupción de la ira cuando esta se presenta.

Si la ira se vuelve continua, como resultado del estrés y la ansiedad, de la inseguridad y del miedo mórbido, se hace indispensable una terapia psicológica, a fin de detectar la causa desencadenante del fenómeno perturbador, que tiende a agravarse cuando no es atendido de manera adecuada.

Una psicoterapia minuciosa hará que el paciente se remonte a conflictos que se hallan adormecidos en el inconsciente, los cuales tuvieron origen en el período infantil o durante la adolescencia, cuando las circunstancias inducían a la aceptación de situaciones penosas, sin derecho a explicaciones ni justificaciones. Las pequeñas contrariedades que se acumularon -a consecuencia de que no fueron resueltas adecuadamente-, estallan cuando algo aporta un incremento al volumen de la carga existente, que se torna insoportable.

Al mismo tiempo, la terapia de la plegaria y de la meditación constituye un recurso saludable para el control de las emociones, y para el reabastecimiento de energías poderosas, que se encargan de aportar serenidad al sistema nervioso central, e impiden o atenúan la incidencia de la ira.

Las buenas lecturas también cumplen la función de un procedimiento terapéutico de excelente calidad, puesto que enriquecen la mente con ideas optimistas y sustituyen muchos de los clisés psíquicos viciosos, que inducen a comportamientos insensatos.

Los recursos de la bioenergía, cuya importancia es incuestionable, también pueden ser aplicados en los pacientes propensos a la ira y a su corte de disturbios emocionales, para lo cual es necesario destacar el concurso de abnegadas personas, saludables física y moralmente, que estén dispuestas a esa entrega.

Jesús utilizaba el denominado *toque curativo*, mediante el cual descargaba en aquellos que lo buscaban las sublimes energías de las que era portador. No obstante, mediante su voluntad, tomaba conocimiento de la problemática de los pacientes antes de que ellos le narrasen las aflicciones de las que eran víctimas, y los liberaba con su psiquismo superior.

Se valía de ese incomparable poder para expulsar a los Espíritus inmundos que eran causantes de convulsiones en sus víctimas, en procesos de aparente epilepsia o esquizofrenia, así como para liberarlas, también, de la muerte aparente -ocasionada por la catalepsia-, de las hemorragias, de la ceguera, de la privación del oído, de la mudez, e incluso de dilaceraciones orgánicas y de los más graves padecimientos, incluso a distancia.

Pese a la inmensa distancia moral que media entre Él y sus modernos discípulos, todos son poseedores de preciadas energías que provienen del Padre, algunas de las cuales se encuentran en ellos mismos, o las reciben mediante la intervención de los nobles conductores espirituales de la humanidad.

Por último, hay que destacar el autocontrol que cada uno debe ejercer sobre sus reacciones emocionales, sea cual fuere su naturaleza, mediante la disciplina de la voluntad, la educación de los sentimientos y la adaptación a nuevos hábitos, imprescindibles para una existencia rica en salud.

4

MIEDO

• PSICOPATOLOGÍA DEL MIEDO
• DIFERENTES MANIFESTACIONES DEL MIEDO
• ERRADICACIÓN DEL MIEDO

PSICOPATOLOGÍA DEL MIEDO

La herencia de la culpa en el inconsciente humano es motivo de innumerables desequilibrios que se despliegan a partir de ella, oculta detrás de diversas expresiones, que se transforman en un fenómeno inevitable dentro del proceso de conquista de un *nivel superior de conciencia*.

Después de que se ha superado la etapa de la conciencia de sueño, el Espíritu reencarnado descubre el paisaje fascinante y casi infinito que forma parte de su existencia corporal, el cual le proporciona aspiraciones de crecimiento más amplias, con miras a alcanzar el elevado nivel de la conciencia cósmica.

Los errores y los crímenes practicados durante la fase inicial, de conquista de la razón y del discernimiento, debido al despertar de la conciencia, tienen origen en los archivos profundos del *Self* y reaparecen en la personalidad como una imposición opresora.

Muchas veces resulta inevitable la instalación mortificante de la conciencia de culpa, que inconscientemente induce al miedo.

Se trata de un miedo absurdo -que se transforma en trastorno del comportamiento-, agravado por la espontánea aceptación del paciente, que lo incrementa debido a su inseguridad emocional, razón por la cual a menudo se convierte en una patología, que puede desencadenar síndromes de pánico, o graves trastornos depresivos.

Cuando el miedo se manifiesta en individuos cuyos comportamientos se hallan caracterizados por la timidez, se produce una tendencia natural a la alienación en la convivencia social, al aislamiento, porque hacen consideraciones y reflexionan insistentemente acerca de pensamientos pesimistas, en relación con ellos mismos y con los demás, o para transformar el sentimiento de ira incontenible que los induce a temores imprevisibles.

Dado que se trata de un fenómeno natural, todos son víctimas del miedo a lo desconocido.

Cuando se aguarda la concreción de algo que se ambiciona, es lógico que surjan dudas en forma de temor a que no sea viable; cuando alguien siente afecto por otro, surge el miedo de no ser correspondido. Dada la inestabilidad de los fenómenos existenciales, el miedo ocupa un lugar destacado, tal como sucede con otros sentimientos. No obstante, cuando es exagerado, genera situaciones conflictivas, estimula la imaginación atormentada, propicia la ansiedad, la sudoración, la arritmia cardíaca, lo que permite identificar -de inmediato- un estado de pánico, que asoma y resulta amenazador para la estabilidad emocional.

En esas circunstancias, se instala el trastorno fóbico con las características de un represor gigantesco, que se vuelve más temible cada día, que violenta la lógica y genera otros disturbios en el comportamiento de los individuos.

Psicológicamente, el miedo condicionado es el resultado de un proceso de acumulación de dicho fenómeno, toda vez que, asociado a un estímulo del ambiente, casi siempre de naturaleza neutra, reacciona ante tal estímulo.

Con frecuencia es cultivado, cuando debería ser racionalizado, a fin de inutilizar su procedencia, y constatar que su origen reside -mayormente- en la imaginación recelosa, antes que en un factor real de desequilibrio y de prevención del peligro.

Se puede afirmar que existen factores endógenos y exógenos, que responden por la presencia del miedo.

En el primer caso, los comportamientos inoportunos de reencarnaciones anteriores lo graban en los pliegues del periespíritu que, a su vez, instala en el inconsciente profundo las matrices del temor a ser identificado, a ser descubierto como autor de los daños que produjo en otros, y que intentó ignorar tras la máscara de la inocencia. En ese sentido, podemos incluir las perturbaciones de naturaleza espiritual -en forma de sutiles obsesiones-, como consecuencia de aquellos actos desafortunados que quedaron sin resolver en el pasado.

En el segundo caso, las actitudes educacionales en el hogar, las relaciones familiares agresivas, la falta de respeto a la identidad infantil, los relatos espeluznantes -con los cuales muchos adultos se complacen- para atemorizar a los niños, al igual que los comportamientos agresivos de las personas, producen miedos, que se intensifican a medida que el crecimiento mental y emocional amplía la capacidad de conducta del educando.

Al mismo tiempo, los aterradores fenómenos sísmicos que periódicamente arrasan el planeta, que siegan vidas, que destruyen ciudades y amenazan a otras, así como también el virulento terrorismo político internacional, la violencia urbana, las injusticias sociales profundas, la competencia perversa para proyectarse en el mundo de los negocios, de los entretenimientos, del poder de diversa naturaleza, producen miedo en aquellos cuya constitución emocional, perturbada desde la infancia por los temores que se les inculcaron, se desborda de manera inquietante.

La impotencia del ser humano ante los fenómenos de la naturaleza, y la relativa indiferencia que algunas autoridades del mundo mantienen hacia sus gobernados, generan en cada individuo el miedo de suponer que se es la próxima víctima, lo que lleva a la necesidad de que se refugie en el silencio y en el temor, que ataca amenazante.

Gran parte de las informaciones de los medios de comunicación (basura) que se complacen en exaltar lo extravagante, lo agresivo para el contexto social, el crimen, contribuyen de ese modo a la alucinación de algunos enfermos perversos, que se sienten estimulados a la práctica de actitudes arbitrarias, e incentivan el miedo a la convivencia, a las relaciones con otros individuos, vistos siempre como potenciales agresores.

Esos miedos invariablemente impiden el reposo, desencadenan temores aún más imaginarios e, incluso, cuando se apoyan en acontecimientos reales, aumentan su intensidad hasta tornarse casi insoportables.

Atormentan la vida, y no impiden que ocurran los fenómenos desagradables, a los que se intenta evitar, incurriendo en la omisión de una pedagogía apropiada.

Es como si ocurriera siempre aquello a lo que más se teme, exactamente porque en la esencia del ser se halla registrada la necesidad de que esa experiencia sea vivenciada, para que contribuya con eficacia en favor de la madurez psicológica, del crecimiento cultural, de la realización personal.

Los caminos que no se recorren permanecen, siempre, como incógnitas desafiantes.

En los tormentosos fenómenos de obsesión espiritual, la inducción telepática del perseguidor hace que la víctima se resista a todo lo que alrededor suyo pueda contribuir a su recuperación, a que reconquiste la salud y el equilibrio. Teleguiada por el adversario invisible, experimenta el desánimo que deriva del miedo que le es impuesto, y adopta una conducta extraña, enfermiza…

Lo mismo sucede cuando se está preocupado en exceso por la realización de algún proyecto muy importante, o de algún programa que se considere relevante, porque el cansancio y la falta de renovación del entusiasmo desencadenan el miedo al fracaso, razón por la cual se adopta esa actitud desastrosa.

DIFERENTES MANIFESTACIONES DEL MIEDO

Aunque de un modo inconsciente, el miedo a la muerte predomina en la naturaleza humana, como si este expresara el pavor por el aniquilamiento de la vida.

Como resultado de ello, se presentan innumerables miedos: a la pérdida del empleo, de los objetos valiosos o muy apreciados, de los afectos compensadores, de la confianza de los demás, de amar…

Los miedos a lo desconocido, a la oscuridad, a la altura, a las personas, a las multitudes, a los animales y a los insectos, se presentan como conductas fóbicas, y constituyen otros tantos desafíos perturbadores.

A ellos se suma el miedo a enfermarse, a sufrir, a morir…

Sustentada en esos sentimientos, la existencia se convierte en un continuo padecimiento que es, precisamente, lo que el individuo tanto teme.

En cambio, si adoptase la actitud del amor, constataría que ese sentimiento es el gran destructor de todas las expresiones de temor o inquietud, porque ofrece resistencias morales para enfrentar los fenómenos que forman parte del proceso de la evolución.

Como se transita en un cuerpo cuya constitución molecular se transforma permanentemente, en el cual los cambios se producen de manera constante, no hay cómo lograr una estructura permanente, excepto cuando el *Self* asume el comando consciente de las funciones orgánicas que le compete conducir.

Incluso con referencia a los automatismos fisiológicos y psicológicos, que aparentemente son independientes de la voluntad, esta ejerce tal predominio en la organización celular que, debidamente orientada, puede generar nuevos condicionamientos, sobre los cuales es posible estructurar hábitos de salud y bienestar.

La mente que carece de disciplina y de vigilancia, no está en condiciones de elaborar planes profundos y de elevada significación en torno a los ideales de la belleza, del conocimiento, de la religión, de la investigación científica, de la solidaridad humana, y tiende a cultivar pavores que se transforman en un verdadero panorama de carácter masoquista.

Se pierden las excelentes oportunidades de vivir plenamente el momento existencial, con sus oportunidades, incluso aquellas que forman parte del proceso humano de evolución, por miedo a lo que pueda suceder en el futuro, lo que por cierto no ocurrirá, o aunque así fuera, nunca se presentará tal como se suponía.

Las circunstancias en las cuales se manifiestan los más variados fenómenos de la vida definen su profundidad, el valor que se les debe atribuir y los efectos que perduran.

En el caleidoscopio de los cambios biológicos y emocionales, cada acontecimiento se expresa de modo muy particular, variando de un individuo a otro, de acuerdo con su constitución emocional.

Por eso, nunca se debe ni se puede evaluar con certeza de qué modo se enfrentaría una situación calamitosa, comparándola con la manera como otros lo han hecho.

El momento es siempre el gran definidor de fuerzas.

Hay personas frágiles y amorosas que consiguen superar situaciones desastrosas, con un coraje y una fe sorprendentes; mientras que otras, consideradas fuertes y resistentes, se desploman ante acontecimientos de poca importancia.

Al nutrirse con la autoconfianza, a través de la valoración de las propias energías, es posible desenmascarar los miedos que se presentan con el aspecto de los celos -hijos enfermos de la inseguridad emocional-, de la envidia -tormento del mismo conflicto de inseguridad-, del odio -incapacidad de comprender y disculpar-, del despecho -ausencia de criterio de autovaloración-, todos ellos consecuencia de la inmadurez psicológica, de la permanencia en el período infantil...

Ese peculiar sentimiento de miedo destructivo, de ninguna manera impide que se produzcan los trastornos futuros, razón por la cual, entre otras, debe ser combatido con absoluta decisión, dado que anula el placer de vivir.

El cambio de punto de vista en torno a su desarrollo emocional, produce la reducción de las máscaras bajo las cuales se oculta el dañino enemigo.

Considerar que se tienen los mismos derechos que todo ser humano, para hacer lo que más convenga -siempre que no afecte los intereses ajenos-, para escoger y tomar decisiones, constituye un paso decisivo en la superación del miedo. Cuando por alguna razón esas decisiones no sean las mejores, y los resultados generen frustración, en vez de desanimarse es mejor pensar en aprovechar la experiencia de haberlo intentado, la cual ampliará el campo de las habilidades para futuras elecciones y acciones.

El terrible miedo de amar -debido a la posibilidad de sufrir la indiferencia o el desprecio de la persona deseada, o incluso del ideal elegido, que puede no ser compensador-, de ninguna manera produce satisfacción, sino que deja una tremenda angustia por lo que no se experimentó, por lo que será desconocido para siempre, cuando debería haberse vivenciado.

Peor que amar y no recibir idéntica respuesta es el perjuicio de no haber amado nunca.

Es mejor que se haya vivido una experiencia, cuyos resultados no fueron los más agradables, antes que permanecer en la incertidumbre acerca de cómo habría sido esa realización.

Se lucha contra el miedo para evitarlo, para esquivarlo, para superarlo, más de lo que se supone conscientemente, consumiendo un tiempo valioso en realizaciones que no se intentaron, cuando podría ser aplicado en experiencias que fueran exitosas.

Se fantasea con la vida como si fuera un viaje sin complicaciones ni accidentes, lo que no deja de ser utópico e irreal. El propio acto de vivir en el cuerpo se apoya en procesos desafiantes del organismo.

En la ejecución del programa de cada vida, todos tropiezan, sufren decepciones, fracasos, que son maestros hábiles en la enseñanza de los medios más eficaces para alcanzar las metas que se proponen.

Nada es fácil cuando se presenta como un recurso para el aprendizaje y la evolución.

Así pues, el miedo se oculta en la fantasía de que todo debe ser fácil, sin sudores ni lágrimas, sin sufrimientos ni luchas, generando incertidumbre en torno al acto de existir.

Cuando no se superan esas facetas del comportamiento, es posible mencionar otros miedos, tales como el miedo a hablar en público, a comunicarse con personas desconocidas, a la soledad…

Son miedos perversos y traicioneros, porque se acumulan unos sobre otros, cada vez más complejos y difíciles de solucionar, en caso de que no se los enfrente desde sus primeras manifestaciones.

Todas las personas, por cierto, tienen planes y objetivos de felicidad a los que el miedo ensombrece, y cuya realización dificulta.

Conviene, por lo tanto, enfrentarlo mientras es posible realizar esos proyectos, porque llegará el momento en que los recursos de tiempo, de salud y de oportunidad disponibles, ya no existirán.

ERRADICACIÓN DEL MIEDO

El valor para mantener contacto con los propios miedos es un recurso terapéutico muy valioso a la hora de erradicarlos o, por lo menos, de administrarlos psicológicamente.

Gracias a los miedos se aprende cómo hacer algo, así como lo que realmente se desea hacer, y para qué hacerlo.

Así, mientras no se presenten como un trastorno patológico, que requiera de psicoterapia o incluso de un tratamiento farmacológico, muchos recursos se encuentran al alcance de quien desee liberarse de ellos.

La conciencia en cuanto a que se es portador del miedo, y que se está dispuesto a enfrentar sus matices y sus manifestaciones, se presenta como un paso inicial que ofrece excelentes resultados. La preservación de la actitud de confianza en favor de la liberación, auxilia a la conquista del espacio mental, reemplazando el miedo con nuevas metas y aspiraciones edificantes que se le oponen.

La victoria sobre un conflicto resulta de los esfuerzos ingentes y continuos que el individuo realiza con decisión y coraje.

Incluso cuando el miedo es superado, eso no implica su eliminación total ni absoluta, puesto que nuevas situaciones pueden exigir precaución y vigilancia, las cuales se manifestarán en forma de temor.

Cimentados en los buenos resultados ya obtenidos, los nuevos intentos serán mucho más fáciles que los del comienzo.

La gran terapia para todos los tipos de miedo es la terapia del amor: el amor a sí mismo, al prójimo y a Dios.

Amor a sí mismo, de manera respetuosa y racional, considerando la utilidad de la existencia y lo que la vida espera de cada uno, dado que todos solamente esperan de la vida sus beneficios. Cuando disminuyan o desaparezcan las dádivas que la vida ofrece, llegará el momento de la retribución, cuando será preciso darle apoyo y armonía para que suceda lo mejor en relación con los demás.

Con ese razonamiento y con entrega se expresa el amor al próximo, mediante el cual la vida adquiere sentido y los vínculos se fortalecen; y porque está centrado en el interés por el bienestar del otro, se irradia bondad y ternura en beneficio de él, sin el propósito lucrativo de recibir compensación.

Ese intercambio que une a las criaturas entre sí, las conduce al afecto por la naturaleza, por todas las formas -vivas o no-, con lo cual acceden al preciado amor a Dios, en el esfuerzo de preservación de todo.

Algunos psiquiatras y psicólogos audaces reducen la totalidad de las emociones humanas al miedo y al amor.

El amor es el antídoto eficaz para la superación del miedo y su consecuente eliminación.

Cuando ama, el ser se enriquece de coraje, aunque no pueda evitar los enfrentamientos ante los impulsos edificantes que del amor provienen.

De esta manera, la solidaridad abre sus brazos fraternos en favor del prójimo, con lo cual se experimenta la valiosa fortuna de amar y se desenmascaran las artimañas del miedo, que lo alejaban de esa emoción portadora de dicha.

Cuando en lo íntimo se conserva el sentimiento de amor, resulta fácil convertir la desilusión en una nueva esperanza, y el fracaso en una experiencia positiva.

Siempre que vuelvan los miedos -y ellos retornarán en varias ocasiones, lo que es muy útil-, el individuo fortalecido los enfrentará con más decisión y sabiduría, a fin de superarlos por completo.

Por ese motivo, la elección corresponde a cada uno: el miedo o el amor, ya que los dos no pueden convivir en el mismo espacio emocional.

Es común escuchar a personas que se quejan de su capacidad para adquirir conocimientos, de sus posibilidades de realización personal, debido al miedo al fracaso y al error.

Mucho peor es no hacer el intento, no conocerse a sí mismo con certeza, prefiriendo la duda mezquina.

Al constatarse la insuficiencia de recursos para que el éxito corone el esfuerzo realizado, se adquiere el exacto conocimiento acerca de dónde se encuentra la falla o la carencia, de modo que se puede y se debe volver a intentarlo, con nuevas fuerzas, de las que antes no se disponía.

Si se considera la posibilidad de que algunos miedos sean inspirados por adversarios desencarnados, la oración-terapia genera un clima psíquico tan elevado, que el enemigo pierde el contacto con la víctima, pues esta se eleva a una onda vibratoria superior, en la cual el perseguidor espiritual no puede alcanzarla.

En esa franja de poderoso psiquismo nutriente se obtienen la resistencia y la vitalidad necesarias para superar los límites, y llenarse de fuerzas para vuelos más elevados y audaces.

Cada vez que se equivoque, en lugar de una reacción de ira, el individuo debe permitirse la compasión, como un derecho que se tiene ante el error, considerando la etapa de la humanidad en que se encuentra y se desenvuelve.

Debe evitarse la postura intransigente de no disculparse por los hechos poco felices, por las acciones desequilibradas.

Nadie es una excepción en el mundo, pues todos viven experiencias equivalentes, que forman parte del programa de elevación individual.

El miedo a la muerte, por ejemplo, que en muchos individuos se transforma en desdicha, no debe permanecer como una alternativa en relación con los enfermos terminales que tienen la certeza del desprendimiento carnal.

No obstante, ¿quién podrá saber cuándo ocurrirá la muerte de este o aquel individuo?

Niños y jóvenes saludables son atacados, de un momento a otro, por enfermedades virulentas y breves, que truncan sus vidas, mientras que pacientes con un estado orgánico deplorable sobreviven para expiar, cuando casi llegan a la descomposición en vida.

Además, los accidentes, cualquiera sea su tipo, como los que se producen con toda clase de vehículos, o los provocados por la naturaleza, las balas perdidas, las caídas fatales, demuestran la fragilidad del cuerpo y lo imprevisible de las circunstancias humanas.

El miedo es siempre injustificable, cualquiera sea la forma en que se exprese.

Muchas veces, las personas tienen miedo de aproximarse a otras en las reuniones sociales, en los encuentros de negocios, en las actividades cotidianas, sin recordar que aquellas otras también experimentan las mismas emociones de incertidumbre y temor. Si no las exteriorizan, es porque están obligadas por diferentes necesidades a sobreponerles los compromisos asumidos.

Si se tomara en cuenta que muchos individuos vencieron sus miedos, se encontrarían formas estimulantes para la victoria sobre los propios.

En la solidaridad también se encuentran estímulos para avanzar, para obtener la autoestima y el valor necesarios, en favor de nuevas tentativas de progreso.

Siempre que el miedo permanezca, más miedo se acumulará.

En la terapia del amor, en relación con el miedo, cuanto más se ama, naturalmente más amor se tiene para ofrecer.

También, mediante la compasión, que diluye el miedo, el ser humano se torna más digno y saludable.

Gracias a ese sentimiento, que se amplía a medida que se ama, el ser se enaltece y se llena de vida, envuelto en la paz.

5

RESENTIMIENTO

• CAUSAS PSICOLÓGICAS DEL RESENTIMIENTO
• EFECTOS PERNICIOSOS Y TRASTORNOS
EMOCIONALES DEL RESENTIMIENTO
• TERAPIA LIBERADORA

CAUSAS PSICOLÓGICAS DEL RESENTIMIENTO

Entre los pliegues del inconsciente colectivo e individual de la criatura humana subyace la necesidad del poder, que se impone como un factor primordial para la autorrealización, para el desarrollo de la inteligencia y de la voluntad, para la conquista -a través del sentimiento o mediante la astucia- de todo lo que el *ego* ambiciona.

Esa ansia de poder, inherente al ser humano debido al atavismo ancestral del proceso de evolución animal -según el pensamiento de Alfred Adler-, es generadora de innumerables conflictos, cuando no se resuelve de manera equilibrada.

Desde ese punto de vista, la lucha por el poder constituye el motivo esencial de la existencia humana, en la búsqueda de su bienestar, de su felicidad.

Freud, mediante su psicología negativa sobre la naturaleza humana, consideraba que la religión, la ciencia y la moralidad eran defensas elaboradas contra los conflictos humanos básicos, que seguían ligados a la agresión y a la sexualidad.

Su paradigma se opone al concepto según el cual el bienestar, la felicidad, tienen origen en la naturaleza del hombre y de la mujer, sin confirmar la posibilidad de que el ser humano pueda nacer bueno y noble. Para él, en realidad, todas las represiones de los conflictos básicos -producto de la ansiedad que generan- transforman la energía, que funciona como un activador de los comportamientos y conduce a la sociedad, a la cultura y a la civilización, tanto al enaltecimiento de los estados afectivos como a su desvarío.

Además, según ese mismo enfoque, los sentimientos de elevación moral -fundamentados en la justicia, en la bondad, en la generosidad, en el amor fraternal-, carecerían de autenticidad, puesto que esas manifestaciones superiores serían generadas en la personalidad. De tal modo, significarían el resultado de la ansiedad producida por esos mismos conflictos básicos, en vez de que provinieran de las virtudes y de las conquistas personales.

Incluso, la contribución humana orientada hacia la producción social, hacia el crecimiento y la edificación, tanto del individuo como de su grupo, serían restos de la represión de los impulsos violentos y homicidas, transformados en gestos de grandiosa solidaridad y de relevante edificación de los valores morales, a modo de compensación de los impulsos agresivos o tendientes a la destrucción de las demás personas…

Según tal formulación, no existirían en la naturaleza humana la bondad intrínseca, ni la herencia de la evolución superior, y todo estaría reducido a los conflictos ancestrales que se asentaron en los instintos básicos.

El verdadero poder, a partir del nuevo enfoque de la Psicología Profunda, no se encuentra en los recursos monetarios, en la relevancia social o política, ni en las múltiples facetas de lo religioso o lo cultural, sino en la conquista interior del placer de realizarse, especialmente cuando se ha obtenido la victoria a través del amor, con lo cual se accede a la individuación.

Según Adler, el sentido del poder -que superaría al sentido del placer, propuesto por Freud- debería avanzar en el rumbo del sentido del existir, conforme con Viktor Frankl.

Si examinamos, no obstante, el exclusivo sentido del poder, cada vez que el individuo se siente defraudado en su ambición desmedida, se rebela, permitiendo que el *ego* sea afectado y subestimado, lo que genera en él sentimientos controvertidos de odio, rencor y resentimiento.

Del mismo modo, la frustración sexual, en esa circunstancia, enmascara su conflicto cuando el individuo se siente rechazado, y lo desarrolla con más vigor, dado que su existencia es una herencia de sus instintos básicos, la cual da lugar a la exacerbación que se convierte en resentimiento.

Cuando el animal macho es rechazado o no es aceptado por el animal hembra, aquel la agrede, en las esferas inferiores del proceso de la evolución en que transitan, y en la fase humana resulta de ello el sentimiento de inferioridad, de abandono, que da lugar al resentimiento, que anhela subyugar a aquel que lo ha despreciado.

Alojada en la mente y en la emoción, la fracasada posibilidad de manipular al otro se transforma en una sorda y cobarde expresión de venganza encubierta, que desea realizarse mediante la desdicha de aquel a quien considera su opositor.

Cuando se transfiere desde la emoción hacia la memoria, se convierte en un verdugo cruel del individuo, que pierde el discernimiento, la facultad de razonar, para fijarse en aquello que considera una ofensa, enredado cada vez más en los fluidos deletéreos de la rebeldía, que termina por atacarlo a través de las perturbaciones emocionales y fisiológicas, que se desarrollan, y se estimulan debido a la constante vitalización.

Es comprensible que surja una cierta frustración, e incluso desagrado, ante las confrontaciones y las agresiones promovidas por otras personas, dando lugar a disgustos que se manifiestan como una cierta aflicción de carácter transitorio, pero no a que se instale el resentimiento.

Spinoza afirmó con propiedad, en su valioso tratado sobre la *Ética*, que la emoción que es sufrimiento deja de serlo en el momento en que nos formamos una idea clara y nítida de ella.

Mientras la emoción permanece fijada en alguno de los instintos básicos, genera sufrimiento, debido a las obligaciones con que se reviste, como un fenómeno sin control, como un capricho derivado de la inmadurez psicológica.

El sentido del existir proporciona una visión profunda del amor, que a todo y a todos abarca, y se agiganta a lo largo de las experiencias de la vida cotidiana, que propician un crecimiento emocional y el consecuente control de las pasiones.

El ser humano, dada su procedencia espiritual, es portador del ángel y del demonio en estado latente, razón por la cual debe desarrollar los inagotables yacimientos portadores de elevadas manifestaciones adormecidas, mientras supera las herencias más cercanas del primitivismo, de donde proceden las formas físicas.

De esta manera, la vida posee un sentido existencial fundamentado en el amor, para superar el vacío y la falta de significado, que son fruto del estado de tedio e insatisfacción.

Dado que el sufrimiento es inevitable, el único camino a recorrer es el de su superación, cuando se comienza a formar una idea clara y nítida acerca de él, a través de la racionalización de sus causas.

El resentimiento permanece como un arquetipo especial, una *sombra* densa que domina los sentimientos humanos e incrementa el comportamiento conflictivo, cuando lo ideal sería liberarlo de esa conducta, y dar comienzo a los pasos de equilibrio y de afirmación de los valores éticos, de los cuales derivan el bienestar y la salud en sus diversas expresiones, alcanzando lo *numinoso*.

EFECTOS PERNICIOSOS Y TRASTORNOS EMOCIONALES DEL RESENTIMIENTO

Los sentimientos violentados, que se transforman en conflictos no resueltos, esclavizan a la criatura humana, quien comienza a vivenciarlos de acuerdo con lo que le parece real, pero nunca como un ejercicio evolutivo.

De inmediato, sobrevienen los trastornos de corta o larga duración: tal es el caso de la depresión resultante de la amargura que domina los paisajes íntimos, que devora los parcos ideales de vivir o se transforma en un mecanismo de venganza, transfiriendo la culpa perturbadora como una responsabilidad de otros, de aquel que generó la situación, pero nunca de sí mismo. Otras veces, desenvuelve la ansiedad por el deseo mórbido de vengarse, mediante el cual supone equivocadamente que se resolverá el conflicto injustificado.

Ese comportamiento, sin embargo, tiene que ver con el nivel en que se encuentra la conciencia -esté adormecida o no- de quien se considera víctima de la imposición, que adquiere una dimensión mayor que la naturaleza del hecho ocurrido.

Los individuos coléricos se caracterizan por la debilidad de su organización fisiológica, responsable de los trastornos funcionales de los equipamientos que la constituyen, razón por la cual tienen mayor facilidad para aceptar los desafíos existenciales, como si fuesen provocaciones e instigaciones a la aflicción.

Portadores de diversos *complejos*, entre los cuales se destaca la inferioridad que se atribuyen, siempre suponen que todo lo desagradable que les sucede no es tomado en cuenta por las personas o los grupos, y siempre se mantienen en guardia, disparando dardos violentos contra todos, debido a las sospechas incoherentes, que ponen de manifiesto su inseguridad.

Como no aman, se consideran despreciados, y mantienen una rigurosa vigilancia en torno a todo lo que tiene que ver con ellos, siempre que proceda del prójimo, pero nunca cuando tiene origen en ellos mismos.

A un paso de caer en disturbios graves, fácilmente dan refugio al resentimiento, con el que se complacen, y se altera el comportamiento ya enfermizo, para sumergirse cada vez más en el pozo sin fondo de la amargura.

Acrecentando con mayor intensidad su neurosis, no son capaces de producir una catarsis honesta, de buscar el esclarecimiento que les aporte paz interiormente, y se revelan más aún cuando son enfrentados por la sensatez, que los incita a revisar lo que les sucede, a un cambio de actitud.

Acumulan motivos y se trastornan emocionalmente; se consideran perseguidos y se vinculan a compulsiones de venganza aún más graves.

En ese clima de fijación mental, mientras estimulan la hiel de la amargura, se dejan caer en las redes nefastas de los vínculos psíquicos con otras mentes desequilibradas -oriundas de la Esfera espiritual en la que se mueven-, con las cuales inician vínculos obsesivos de graves consecuencias.

Cuando se ha establecido la sintonía, el huésped psíquico comienza a realizar un proceso hipnótico muy bien urdido, que amplía en la mente del anfitrión la idea de lo sucedido, aumentando su carga vibratoria con el agregado de otros acontecimientos ya superados, que entonces resurgen con un tenor grave, para afligir aún más al desdichado, que se entrega de manera masoquista a un fenómeno del cual no se da cuenta.

En ese proceso, se produce la combinación de los sentimientos de la víctima con los del nuevo verdugo, que lo inducen al desequilibrio grave.

Es comprensible que la incidencia del trastorno obsesivo sobre el orgullo del *ego* herido en su altivez, provoque una elevada carga de descompensación emocional, a la que el sistema nervioso central tiene dificultad para administrar y, por consiguiente, emite ondas fragmentadas o aceleradas hacia las glándulas de secreción endocrina, que descargarán sus sustancias en el sistema inmunológico, provocando la desarticulación de sus defensas.

El avance hacia disturbios más profundos es inevitable, porque el paciente bloquea el discernimiento, de modo que todo estímulo al equilibrio, que le permita revisar su comportamiento, produce en él reacciones violentas o una falsa pasividad, que significa indiferencia para con la terapia que necesita.

Son los que transitan por el mundo infelices, cabizbajos, exhaustos o exaltados, rencorosos, lanzando dardos violentos ante la menor contrariedad; son los que justifican la insania colectiva, y desean que los acontecimientos lamentables se agraven hasta la consumación general, a través del caos, que desearían tuviese una vigencia inmediata.

No obstante, todo podría resolverse con inmensa facilidad, mediante una buena dosis de comprensión, tolerancia y compasión.

TERAPIA LIBERADORA

El nuevo enfoque de la Psicología Positiva, que reacciona ante la propuesta de Freud en relación con la personalidad humana, procura comprender de una manera muy diferente las emociones, propiciándole una conducta optimista, en la que deben permanecer como indicadores de límites fronterizos la bondad, el perdón, el placer, las gratificaciones del sentimiento, la esperanza y la fe, la confianza, el cultivo de las virtudes, la búsqueda y el enaltecimiento a través de la sabiduría, el amor a la humanidad, el coraje y la justicia, la espiritualidad y la trascendencia del ser.

Su propuesta induce a una visión más profunda del individuo en el contexto de la familia, de la sociedad, de la democracia y de la libertad, propiciando una orientación a fin de que alcance plenamente el sentido de la existencia.

Todos sus argumentos son profundamente humanistas, favoreciendo un enfoque de felicidad en el destino de la criatura humana, estimulándola al desarrollo de las potencias psicológicas de los sentimientos, orientados hacia las virtudes.

El ser, en sí mismo, no es portador de maldad; pero han sido las experiencias del proceso de evolución las que despertaron ese aspecto negativo, que puede y debe ser corregido mediante la aplicación de los recursos del altruismo, la bondad, la moralidad y la cooperación con las demás criaturas del mundo.

El proceso evolutivo genera placeres, incluso en el cultivo del mal; no obstante, son transitorios y sirven de referencia para la comparación con las conquistas del bien, y con las alegrías que derivan de él, con sabor duradero.

Esa Psicología proporciona la liberación espontánea del acuciante dolor que brota del resentimiento, toda vez que el paciente se predisponga a la reflexión, al cambio de comportamiento mental, para la posterior modificación de la conducta emocional.

Al desvalorizar aquello que considera ofensivo, debido a la fragilidad con que se reviste ese lamentable concepto, descubre a continuación el placer de ser libre, de poder amar sin exigir compensación, de convivir sin un estado preconcebido de autodefensa.

Nadie vive atacando a otros, excepto cuando se halla en desarmonía consigo mismo, lo que deja de merecer consideración ante el disturbio del agresor.

En ese sentido, el cambio de actitud mental y emocional rompe los lazos de la inducción obsesiva, con lo cual facilita una mayor claridad para el razonamiento, una vez que se ha liberado de los impulsos dominadores del verdugo.

Al mismo tiempo, la aplicación de los valiosos mecanismos del bien, en forma de acciones meritorias, no solo es gratificante para la emoción, sino que compensa de deudas pasadas, de agresiones a la vida en otras etapas del tiempo y del espacio, cuando el Espíritu se encontraba en otro ciclo de la experiencia carnal.

Mientras tanto, si persistiera el error en que se complace el paciente, este será incapaz de recuperarse y necesitará un auxilio psicoterapéutico de manera urgente, que le brinde otra persona adecuadamente equipada con conocimientos o con la especialización, a fin de que el proceso no se torne irreversible.

En toda circunstancia, no obstante, el individuo debe contribuir con su voluntad, sin la cual el empeño y la cooperación de otra persona resultan, lamentablemente, inocuos, en caso de que no sean más desagradables para el paciente.

6

CULPA

LA PSICOLOGÍA DE LA CULPA

Dos son las causas psicológicas de la culpa: la que procede de la *sombra* oscura del pasado, de la conciencia que se siente responsable por los males que ha practicado en relación con otros, y la que tiene su origen en la infancia, como resultado de la educación recibida.

La culpa es el resultado de la ira que alguien siente contra sí mismo, volcada hacia adentro, en forma de sensación de algo que se hizo equivocadamente.

Ese mecanismo preexiste a la vida física porque tiene origen, en su primera propuesta, en una falta cometida contra el prójimo, que generó un conflicto de conciencia.

Cuando la acción se desencadenó, la ira, el odio, o el deseo de venganza, e incluso la inconsecuencia moral, no permitieron evaluar el desatino, atendiendo al impulso nacido de la mezquindad o del primitivismo personal. Lentamente, mientras tanto, el remordimiento generó el fenómeno de identificación del error, pero como no estuvo acompañado por el valor para la conveniente reparación, transfirió el conflicto hacia los archivos del Espíritu, en forma de culpa, que resurge fácilmente ante el desencadenamiento de algún suceso producido por la asociación de ideas, conductora del recuerdo inconsciente.

Cuando esto ocurre, el individuo experimenta una angustia intolerable, y busca el recurso del autocastigo como un mecanismo liberador para la conciencia responsable del delito que nadie conoce, pero que se encuentra instalado en el cuadro de las realizaciones personales y, por lo tanto, intransferibles.

La culpa se presenta como una fuerte impregnación emocional, en forma de representaciones o ideas (recuerdos inconscientes), que han sido parcial o totalmente reprimidas, pero que resurgen en el comportamiento, en los sueños, con intensas connotaciones de conflicto psicológico.

En la segunda hipótesis, la deficiente formación educacional, especialmente cuando impide al niño el desarrollo de su identidad, conspira para que se instale la culpa.

Es habitual que se exija al educando que sea parcial y adulador, en concordancia con las ideas de los adultos -padres y educadores-, que son quienes establecen los parámetros de su conducta sin tomar en cuenta su espontaneidad, su libertad de pensamiento, su visión de la existencia humana en desarrollo y formación.

Es lamentable que los niños sean manipulados tanto por sus padres como por sus profesores, quienes, si tuvieran frustraciones, les trasmiten su propia inseguridad, y graban en los educandos comportamientos que a ellos mismos les agradan, en detrimento de lo que es mejor para el aprendiz.

Precipitan en ellos la fase del desarrollo adulto, mediante expresiones vulgares, en las cuales afirman: *ya es una señorita, es todo un hombre*, y les inculcan conductas extravagantes, cuando en realidad aún no han dejado de ser niños.

La vida infantil es relevante en la formación de la personalidad, en la edificación de la conciencia del *Sí*, en la definición de los rumbos existenciales.

La conducta de los adultos imprime en el educando la forma de ser o de parecer, de convivir o de agradar, de conquistar o de conducirse, y da origen -casi siempre-, cuando no es correcta, a innumerables conflictos, a diversas culpas.

Obligado a ocultar su realidad, a fin de no ser castigado, el niño se siente en la obligación de agradar a sus orientadores, de modo que compone un panorama de apariencia como una forma adecuada, que lo frustra profundamente y perturba su carácter moral, el cual pierde los lineamientos de la dignidad, los referentes acerca de lo que es correcto y lo que está desacertado.

Esa mala educación se impone a los educandos para que sean buenos niños y buenas niñas, lo que equivale a decir que siempre tengan en cuenta los intereses de los adultos, sin contrariarlos ni desobedecerlos. Muy pocas veces se piensa en el bienestar del niño, en aquello que le satisface, en lo que es compatible con su entendimiento.

Otras veces, como una manera de escaparse de su propia conciencia, los padres colman a los hijos con juguetes y juegos, en una actitud igualmente infantil de soborno emocional, a fin de distraerlos; en realidad, lo hacen para evitar el deber de acompañarlos, de los diálogos indispensables, de la convivencia educativa mediante los actos más que con las palabras.

A pesar de que se pretende convertir al educando en un ser independiente, de manera invariable crece codependiente, es decir, sin libertad de acción, de satisfacción, culpándose cada vez que se entrega al placer personal al margen de los parámetros establecidos y de las imposiciones programadas.

Para evitarse problemas, pierde la capacidad de decir *no*, la espontaneidad de ser coherente con lo que piensa, con lo que siente o desea.

No pocas veces, el niño es castigado cuando se opone, cuando exterioriza su pensamiento, cuando se niega, y cambia su manera de ser a fin de evitar los sufrimientos.

Existe una necesidad psicológica de negar, de decir *no* -siempre que sea auténtica- sin la utilización de métodos escapistas, que inducen a la pusilanimidad, a la incoherencia de naturaleza moral.

No se puede concordar con todo e *ipso facto* dejar de expresar lo que se piensa, dejar de negarse, dejar de ser auténtico. Por cierto, la manera como se expresa la opinión se torna relevante, evitando la agresividad en la respuesta negativa, la prepotencia en el modo de traducir el pensamiento opuesto. En cierto modo, lo que se vuelve expresivo no es precisamente lo que se dice, sino el modo como se enuncia la información.

Ese hábito, mientras tanto, debe iniciarse en la infancia, incorporando al comportamiento del educando el coraje de ser honesto, incluso al precio de algún sacrificio.

Esa inseguridad en la forma de proceder y la indecisión en la conducta -la que agrada a los otros y la que satisface a uno mismo-, a menudo desencadenan procesos sutiles de culpa, que se convierten en un azote para el individuo, la mayoría de las veces en que es invitado a definir rumbos en su comportamiento.

La culpa puede presentarse a partir del momento en que se desea vivir la independencia, como si eso constituyera una traición, una falta de respeto a los que contribuyeron para el desarrollo de la existencia, que brindaron orientación, que se esforzaron por educar. No obstante, es necesario considerar que si el esfuerzo ha sido realizado con el propósito de brindar felicidad, esta comienza a partir del instante en que el individuo se afirma como persona, cuando tiene capacidad para decidir, obrar y hacerse independiente.

Con todo, frente a ese comportamiento, los adultos inmaduros se cobran el pago de lo que han hecho, alegando que han sido abandonados, y se quejan por la ingratitud, provocando sentimientos injustificables de culpa, lo que constituye una conducta manipuladora y lamentable.

Ese método abusivo es impuesto habitualmente a los infantes, propiciando que la culpa se instale cuando el niño se da cuenta de que piensa distinto que sus padres, lo cual requiere de esos educadores la sabiduría para poder disiparla, además de que lo apoyen en lo que sea correcto, modificando aquello que no es compatible con la educación.

La culpa es un verdugo persistente y peligroso, que requiere una orientación psicológica urgente.

LAS LAMENTABLES CONSECUENCIAS DE LA CULPA NO LIBERADA

La culpa se sintoniza con los paisajes más oscuros de la personalidad humana en la que se refugia.

Los conflictos y las mezquindades de los sentimientos se nutren de la presencia de la culpa, y conducen a estertores agónicos a aquel que padece su imposición.

La culpa quebranta y desarticula los mecanismos de la fraternidad, y el paciente se torna retraído y apesadumbrado, cuando no infeliz y carente de motivación.

Sus acciones resultan controladas por el miedo de cometer nuevos desatinos, y casi siempre es inducido a la depresión.

Otras veces, en cambio, la culpa se presenta con matices muy especiales, mediante los cuales existe una forma de disimularla con excusas y justificaciones indebidas.

Se afirma, dada esa conducta, que es normal equivocarse; y sin duda lo es, pero sin permanecer en una continua postura de equívocos que perjudiquen a otras personas, ni omitiendo el reconocimiento de las actitudes inadecuadas, que siempre deben ser corregidas.

Quien se nutre con la culpa lleva una existencia atormentada, y la mantiene con su inseguridad. Todo lo que le sucede de negativo, aun los acontecimientos banales, es asimilado como sentimientos necesarios para la reparación.

No pocas veces, la infancia conflictiva induce al educando a la ira, al deseo de venganza, o de que se mueran sus padres o sus maestros. Eso ocurre como una catarsis liberadora del disgusto. Cuando, más tarde, ocurre algo lamentable a aquel a quien iban dirigidos esos deseos, la culpa se instala automáticamente en el enfermo, provocándole arrepentimiento y dolor.

Determinados acontecimientos se producen no porque sean deseados, sino porque suceden dentro de los fenómenos humanos. Con todo, la conciencia aturdida se aflige y busca un mecanismo de autopunición, encontrando en la culpa la mejor forma de descargar el conflicto.

Cuando en un accidente alguien muere al lado de otro que sobrevive, en caso de que este no posea estabilidad emocional, pronto se refugiará en la culpa de haber tomado el lugar en la vida que pertenecía al que falleció, sin darse cuenta de que siempre ha tenido igualmente derecho a la existencia.

Ese comportamiento mórbido castra muchas iniciativas, y desencadena otros procesos autopunitivos de los que la víctima no se da cuenta.

El arrepentimiento, que debe ser un fenómeno normal de evaluación de las acciones mediante los resultados que arroja, se convierte en la conciencia de culpa, en una llaga que expulsa malestar y desconfianza.

Como una forma de esconder el conflicto, surge la autoconmiseración, la autocompasión, cuando lo más correcto sería liberarse del estado emocional mediante la reparación, cuando fuera posible.

Reprimir la culpa o tratar de ignorarla es tan negativo como aceptarla cual si fuese un acontecimiento natural, sin discernir acerca de la gravedad de las acciones practicadas.

Mientras tanto, a medida que es introyectada, la culpa se adueña de las emociones y se vuelve punitiva, castradora y perversa.

Debido a que genera perturbaciones emocionales, puede inducir a comportamientos enfermizos y a actitudes criminales, acarreadas por la represión de la agresividad, de los sentimientos negativos, incapaces de enfrentamientos claros y honestos, que empujan a la traición, hacia los abismos sombríos de la personalidad.

Al nutrirse con pensamientos atormentadores, el individuo se siente desvalorizado y se aflige con ideas pesimistas y desagradables. Como se suponen despreciables, algunas personalidades de constitución frágil se deslizan hacia acciones más conflictivas.

En los criminales seriales, por ejemplo, la culpa inconsciente los induce a cometer nuevos homicidios, además del innato impulso psicópata y destructivo, que anula sus sentimientos y su lucidez en torno de las atrocidades cometidas. Portadores de una fragmentación de la mente, son incapaces de evaluar sus propios actos.

Se pueden presentar gentiles y atrayentes, y consiguen de esa forma conquistar a sus futuras víctimas, gozando por anticipado la satisfacción de la trampa que les preparan, lo que los estimula a dar el golpe definitivo.

Habiendo bloqueado la culpa, se sacian -durante un breve lapso- con la aflicción y la desesperación de aquel al que conducen al agotamiento. Cuanto mayor sea el pavor que manifieste el otro, más estímulo experimentará el agresor para golpearlo. La furia sádica estalla en un placer mórbido, y cesa hasta una nueva irrupción.

PROCESOS DE LIBERACIÓN DE LA CULPA

Existe una culpa saludable que debe acompañar las acciones humanas cuando estas no se corresponden con los modelos del equilibrio, ni con la ética. Ese sentimiento, sin embargo, debe ser encarado con sentido de responsabilidad.

Sin ella, se perdería el control de la situación, lo que permitiría que los individuos obrasen de manera irresponsable.

Todas las criaturas humanas cometen errores, algunos de ellos de naturaleza grave. No obstante, no tienen por qué desanimarse en la lucha, ni abandonar los compromisos de elevación moral.

El antídoto para la culpa es el perdón. Ese perdón que podrá ser dirigido hacia uno mismo, hacia aquel que fue la víctima, hacia la comunidad, hacia la naturaleza.

Dado que la paz y la culpa no pueden convivir, porque la una elimina la presencia de la otra, resulta necesario el ejercicio de la comprensión de la propia debilidad, para que la criatura pueda liberarse de esa dolorosa imposición.

El coraje para pedir perdón, así como la capacidad de perdonar, son dos mecanismos terapéuticos liberadores de la culpa.

Cuando hay conciencia del error, resulta factible que se busque una forma de reparación, y no hay otra más eficiente que la de auxiliar a aquel a quien se ha ofendido o perjudicado, favoreciéndole la reparación de lo que ha sido dañado.

Si se tratara de la culpa que queda en el inconsciente, cuyo origen proviene de una existencia pasada, el cambio de actitud en relación con la vida y con las relaciones -que propician un trabajo de edificación-, se convierte en el recurso más productivo para favorecer el equilibrio y la liberación de la carga conflictiva.

Aunque se ignore su procedencia, no se le impide que se presente en forma de angustia, de inseguridad, de insatisfacción, de falta de merecimiento con respecto a todo lo bueno y lo útil que sucede... Asimismo, el esfuerzo en favor de la solidaridad y de la compasión, elabora mecanismos para desleír el proceso aflictivo.

Es común que el sentimiento de vergüenza se instale en el período infantil, cuando aún no se tiene idea de la responsabilidad de los deberes, aunque se sabe lo que es correcto y lo que no se debe practicar. Si el niño no se resiste al impulso agresivo o a la acción indebida, de inmediato sobreviene la vergüenza por lo que ha hecho, que lo induce a las fugas psicológicas automáticas, las cuales repercutirán en la edad adulta aun cuando se ignore el motivo, el porqué de las mismas.

La culpa tiene que ver con lo que se hizo en forma equivocada, mientras que el sentimiento de vergüenza denota la conciencia de la irresponsabilidad, el conocimiento de la acción negativa que se ha practicado.

Solamente la decisión de aceptar la herencia perturbadora que procede del período infantil, con el propósito de superarla, hace posible la conquista del equilibrio, de la autoseguridad, de la paz.

La salud mental y moral impone la liberación de la culpa, valiéndose de la apreciable contribución del discernimiento, que evalúa la calidad de las acciones y permite repararlas -cuando son equivocadas- o ratificarlas, cuando sean acertadas.

7

CELOS

• PSICOGÉNESIS DE LOS CELOS
• COMPORTAMIENTOS ENFERMIZOS
• TERAPIA PARA LOS CELOS

PSICOGÉNESIS DE LOS CELOS

El Espíritu inmaduro, que ha sido víctima de los desvíos del comportamiento en existencias anteriores, renace por ese motivo con marcas lamentables en su sistema emocional.

Inquieto e insatisfecho, no consigue desarrollar en profundidad la autoestima, de modo que permanece en una deplorable situación de infancia psicológica. Aun cuando alcanza la edad adulta, sus reacciones son de inseguridad y de capricho, y caracterizan sus dificultades para una adaptación equilibrada en el contexto social.

Aspira al amor pero teme entregarse a él, porque el sentido de posesión que le conferiría autoconfianza está vinculado a la dominación de cosas, de personas y de intereses inmediatos, y ambiciona transferirlo hacia quien, por cierto, no permitirá ser dominado por su enfermedad. A veces, cuando se trata de una relación con otra personalidad igualmente infantil, esta se deja manipular transitoriamente, sea por adaptación o por un sentimiento subalterno, hasta que reacciona *a posteriori* de una manera imprevisible.

En otras ocasiones, permite ser conducido, despreocupado de sus propias aspiraciones, mientras se somete a los caprichos del dominador, de lo que resulta una afectividad enfermiza, carente de significados nobles tanto como de vivencias enriquecedoras.

Debido a que en su interior se encuentra la culpa, ese individuo no consigue decodificarla, a fin de liberarse, y la oculta en la desconfianza que permanece en su inconsciente, con lo cual experimenta tormentos y desequilibrios.

Incapaz de brindarse al afecto en un clima de tranquilidad, desconfía de las demás personas, en la suposición de que también ellas son incapaces de consagrarse íntegra y desinteresadamente, sin ocultar sentimientos de desdicha.

Dado que no consigue mantener un buen nivel de autoestima, supone que no merece el cariño ni la dedicación de los otros, y se aflige, temeroso de perder su compañía. Ese tormento llega a ser tan cruel, que el inseguro se encarga inconscientemente de alejar a la otra persona, motivo por el cual la convivencia resulta insoportable, debido a la generación de continuos conflictos que el inseguro se permite.

La inmadurez psicológica de quienes proceden de tal manera se torna tan grave, que tratan de justificar los celos alegando que estos son la sal del amor, como si la afectividad tuviera alguna necesidad de conflictos, de la sal de la desconfianza.

El amor se nutre de amor y se consolida mediante la confianza irrestricta que genera, sellando los sentimientos con las bellas vibraciones de la ternura y la amistad debidamente estructurada.

La falta de madurez emocional del individuo lo vincula al período del pensamiento mítico, en el cual las fantasías ejercen predominio en su conducta psíquica.

Incapaz de enfrentar la realidad, al igual que las situaciones que se presentan como necesarias para el crecimiento continuo de la capacidad de discernimiento y de lucha, se concede la permanencia en la fantasía, en el cultivo utópico de la ilusión, e imagina un mundo irreal en el que le agradaría vivir, evitando la convivencia con la audacia y el trabajo serio, de modo tal que se conduce asfixiado por lo que imagina en relación con aquello que enfrenta en la vida real.

Se vuelve capaz de mantener una vida interior conflictiva, que disimula con sonrisas y otros disfraces, pero padece el miedo y la incertidumbre de ser feliz.

Teme siempre ser descubierto y conducido a vivir los hechos tal como son, y no como desearía que fueran.

Evita los diálogos profundos, por miedo a equivocarse y ser identificado por las ideas penosas y los pensamientos reprimidos, habituales en él.

Dado que proviene de una infancia en la que tuvo que ocultar la verdad y disfrazar sus propias necesidades, por miedo al castigo o a la incomprensión de los demás, llega a la edad adulta sin haberse liberado de las incertidumbres juveniles.

Como invariablemente experimenta que no se lo tiene en consideración, debido a que no consigue someter a aquellos a quienes desearía amar-dominando, se entrega a los celos injustificables, en los cuales la imaginación atormentada ejerce una función patológica.

Ve y escucha lo que existe en su mundo interior, y transfiere esas fantasías a fin de subyugar al ser al que dice amar.

Atormentado por la autocompasión, se refugia en la desdicha para inspirar piedad, cuando debería esforzarse para conquistar afecto; se subestima o se sobrevalora, y adopta posturas poco acordes con su edad fisiológica, que debería estar acompañada por el desempeño saludable, propio de un ser psicológico maduro.

Siempre recuerda la carencia afectiva de los otros y la compara con sus propias aflicciones, permitiéndose la idea mórbida de que nadie es fiel, de que ninguna persona puede dedicarse a otra sin cultivar sentimientos serviles.

Posiblemente, en su interior se sienta de esa forma, incapaz de aficionarse al placer de querer bien, puesto que es portador de insatisfacciones personales en relación consigo mismo, mezquino en lo que se refiere a la autoentrega… Por consiguiente, percibe al amor como un mecanismo de manipulación o un instrumento para la conquista de valores monetarios o de proyección política, social, artística, sin comprender que, si bien hay quienes se comportan de ese modo, muchos otros se desenvuelven y aman de una manera absolutamente distinta a esa actitud desdichada.

Los celos, por lo tanto, tienen raíces en el egotismo exagerado, que solamente se puede superar mediante el trabajo de autodisciplina y de entrega personal.

El Espíritu evoluciona a través de etapas sucesivas, puliendo aristas mediante el sublime instrumento de la reencarnación, que le propicia continuas transformaciones morales, al mismo tiempo que desarrolla la inteligencia y los sentimientos.

Por eso, el *Self* es el depositario de todos los valores de las experiencias adquiridas en la extensa trayectoria del desarrollo antroposociopsicológico.

Cuanto más valora el individuo su *ego*, sin administrar sus herencias de inferioridad, más se atormenta ante la necesidad de la relación interpersonal que, sin la presencia de la afectividad, invariablemente se torna fría, distante, sin sentido ni continuidad.

La existencia física tiene como meta el perfeccionamiento de los valores espirituales que yacen latentes en el ser humano, quien de ese modo adquiere sabiduría y paz, a fin de disfrutar de la salud integral. Esto no significa ausencia de enfermedades, las cuales pueden ser consideradas como accidentes del camino, sin daños graves de ninguna naturaleza.

Elaborar la emoción y reflexionar en torno a los propios sentimientos y a los del prójimo, constituye una saludable psicoterapia para adquirir confianza en uno mismo y en los demás.

COMPORTAMIENTOS ENFERMIZOS

Debido a la morbidez de los celos, el paciente agoniza permanentemente en la inquietud.

Anhela el amor, y lo rechaza por miedo a la traición o al engaño. Como no se siente portador de sentimientos abnegados ni piadosos, descuida las más bellas floraciones de la afectividad, a las que siempre considera un recurso para el placer y la conquista de cosas, sin hacer el intento de comprender la nobleza que anima a todo aquel que ama.

Tal vez, ese análisis de la personalidad enferma del celoso haya propiciado el concepto psicoanalítico según el cual la bondad, el sacrificio, la devoción, son frustraciones de la libido, que cambia de dirección para dar oportunidad a otro tipo de logro. Esa conducta de ennoblecimiento, que enriquece a la humanidad con ejemplos dignificantes, es considerada -en ese contexto- con una desconfianza exagerada, casi patológica, debido a que la criatura humana es considerada de manera incorrecta, como si apenas fuera un animal pensante...

Los períodos cruciales que el niño atraviesa, según la observación de Freud en lo relativo al desarrollo psicosexual, a través de los estadios oral, anal, fálico y genital, orientan al ser humano exclusivamente hacia la búsqueda del placer, toda vez que en el pasaje de un estadio a otro se generan conflictos y frustraciones, debido a que las formas anteriores de satisfacción (placer) le son negadas.

Por su parte, Karen Horney (1885-1952), al analizar los diferentes modelos de personalidad, sostuvo que los individuos -particularmente en la sociedad actual- padecen un tipo de ansiedad fundamental.

Esa ansiedad que genera neuróticos, o que es propia de aquellos que ya se encuentran neurotizados, induce a una búsqueda exagerada de múltiples objetivos, como una forma de disminuir o sofocar esa inquietud. Así pues, una gran cantidad de ellos huye en busca del amor, mientras que otros se entregan a la conquista de recursos económicos, de prestigio social, político, religioso o de cualquier otro tipo, evitando involucrarse emocionalmente o también intentando aliviar esa ansiedad a través del alcohol, de las drogas adictivas...

La búsqueda neurótica del amor, mientras tanto, prevalece en esos comportamientos ansiosos. Y como el individuo supone que la satisfacción del instinto podrá calmar su ansiedad, se frustra fácilmente, puesto que sus exigencias de afecto son excesivas, totales… La mínima insatisfacción que surge lo arroja hacia el falso concepto de que ha sido rechazado, y se siente rechazado. Con ese fenómeno aumenta su ansiedad, que lo conduce al cansancio en la búsqueda del afecto que aún no ha alcanzado, lo cual amplía las posibilidades de repudio, moviéndose de esta manera en un círculo vicioso.

En desvarío, se permite una hostilidad a la que no consigue identificar, y teme siempre la pérdida total del ser al que dice amar. Se desvaloriza a sí mismo, para enaltecer a aquel por quien siente afecto, o bien comienza a no tenerlo en consideración porque imagina que se equivocó, cuando adjudicó valores excesivos y recursos que la persona no posee.

Ese tipo de mecanismo circular es muy común en el paciente celoso, que siempre busca la fidelidad absoluta del otro, pero carece de condiciones para mantenerse en el mismo padrón, con una conducta serena, libre de neurosis.

Debido a esa inseguridad emocional, siente que su *ego* ha sido herido por el desprecio que imagina que se le ha dedicado, y se deja dominar por ideas perversas de suicidio o de homicidio.

En la raíz de muchos crímenes en el área de la afectividad enfermiza, los celos se destacan como el factor principal, porque su carácter es posesivo, salvaje.

El paciente, muchas veces, se siente rechazado porque su apego agota a la pareja y desgasta la convivencia, pero él supone que hay otra persona interfiriendo en la relación, en un triángulo imaginario.

Una vez desencadenada la idea sospechosa y lamentable, la maquinación enfermiza aumenta, y el paciente -que se considera una víctima- lleva a cabo una observación alucinada, deformando los acontecimientos, a los cuales aprecia desde un punto de vista distorsionado, con lo cual confirma aquello que desea que suceda.

Cuando la mente pierde el control del discernimiento, el paciente consigue introducir en la convivencia del hogar a personas de las cuales alimenta sospechas, con el fin de facilitar la relación con el otro y, de esa manera, confirmar con certeza las angustiantes expectativas, que terminan en la locura o el crimen.

Los celos son un tormento para el alma, no solo en el área de la afectividad entre parejas, sino también en el contacto interpersonal, social, profesional…

Quien se permite alimentar a la serpiente de los celos en su corazón, con sospechas infundadas, se transforma en un elemento perjudicial para la sociedad, debido al comportamiento que se trastorna, y genera maledicencias, comentarios humillantes, acontecimientos irreales, acusaciones deprimentes y censuras injustificables.

Los celos estimulan la envidia, y ambos trabajan de común acuerdo para anular la acción de aquel que les inspira el sentimiento negativo.

Los padres inmaduros son sumamente responsables de ese comportamiento enfermizo, cuando generan escenas de preferencias en el hogar, destacando a los hijos queridos de aquellos a los que parecen rechazar. Otras veces, demuestran una conducta poco amistosa con los que son tímidos, lo que los lleva a ensimismarse, frustrándolos afectivamente y en su autoconfianza, de modo que el sentimiento de inferioridad los hiere dolorosamente, dando lugar a los celos y a la envidia.

En ese caso, la sociedad siempre es considerada hostil. No cabe duda de que está constituida por los individuos que la componen. Si la persona es indiferente o agresiva, cuando encuentra a otra semejante forma un grupo social al que no le interesa el bienestar común, de modo que desarrolla el egoísmo general y cierra las puertas a aquellos que desean una oportunidad de relacionarse.

Los individuos tímidos, que han sufrido agresiones en la infancia, y que generaron conflictos de inferioridad, siempre se sienten rechazados y repelidos, expulsados sin consideración ni conmiseración alguna, en un mecanismo evocativo inconsciente de lo que experimentaron durante la edificación de su personalidad…

Formarán grupos de adversarios, inconscientes los unos (los rechazados) de los otros (los encerrados en su egoísmo), pero todos ellos insensibles a los sentimientos de humanidad. Esto sucede porque se sienten excluidos de la sociedad, y desarrollan la agresividad, hija dilecta de la rebeldía y del resentimiento, que estallan convertidos en los diversos crímenes que en la actualidad prosperan en todas partes.

Como si no bastaran los perjuicios que provocan allí donde se encuentran, esos individuos son infelices de por sí, y merecen un tratamiento especializado de ayuda fraternal, de consideración espiritual, porque avanzan cada vez más hacia situaciones penosas y aflictivas.

No se puede negar que la convivencia con el paciente celoso es martirizante, especialmente cuando rechaza el tratamiento que podría liberarlo.

TERAPIA PARA LOS CELOS

Todos los disturbios orgánicos, psicológicos o mentales, requieren un tratamiento especializado, teniendo en consideración la zona en que se presentan.

Es natural, por lo tanto, que en lo atinente al comportamiento emocional, se tome en cuenta la terapia especializada, a fin de encontrar la raíz actual del problema, sin olvidar en ningún momento que el Espíritu es, en sí mismo, el verdadero enfermo. Pese a ese conocimiento, los efectos perturbadores pueden ser minimizados a través del reencuentro con las causas de la existencia presente, que tuvieron origen en el hogar agresivo o negligente, en el grupo social perverso, en las conductas extravagantes, o en procesos enfermizos que afectaron la organización física.

Si se penetrara en las causas de los conflictos de esa naturaleza -los celos-, se puede evaluar la mejor conducta para los individuos normales, frente a los modelos que denominaremos de confrontación y de salud mental.

En todos los individuos se encuentran los conflictos inconscientes y los mecanismos de defensa, y se diferencian a través de la forma como son resueltos.

Oportunamente, con Anna Freud (1895-1982) y otros, como Heinz Hartman (1894-1970) y Erik Erikson (1902-1994), surgió en el psicoanálisis una corriente denominada Psicología del Yo, en la que sus adeptos, además del concepto de la libido, agregan los factores culturales e interpersonales como desencadenantes tanto de la salud como de los disturbios de conducta. No obstante, proponen las contribuciones saludables del *sí-mismo* en la manera de elaborar el mundo, de convivir con la realidad tal como se presenta, en vez de colocarse una máscara, evitando enfrentarlos, o buscar justificaciones falsas para evadirse.

La criatura humana posee motivaciones para una existencia saludable, lo cual depende de las aspiraciones que alimenta en su vida privada, de acuerdo con lo que propone Abraham Maslow (1908-1970).

En la pirámide propuesta por el eminente terapeuta humanista, las necesidades fisiológicas de los primeros períodos van lentamente siendo orientadas hacia otras, tales como las de seguridad, confort, ausencia de temores, búsqueda del amor, competencia, aprobación y reconocimiento; a continuación asciende hacia las necesidades cognitivas, el orden, la belleza, la realización personal, para alcanzar las experiencias-límite.

En esa ascensión, el concepto de *sí-mismo* ejerce un rol preponderante, pues estimula al ser a la conquista de los valores internos y personales, que lo elevan al pleno desarrollo de sus recursos morales y espirituales.

El paciente celoso, en su inseguridad, no tiene ninguna consideración para consigo mismo, de modo que necesita ser conducido a la autoestima, a la superación de los conflictos de inferioridad y de inseguridad, a fin de que tome un conocimiento lúcido de las infinitas posibilidades de equilibrio y de afectividad que están a su alcance.

Al mismo tiempo, la liberación de las ideas masoquistas primitivas que permanecen en él, así como de la culpa inconsciente que reclama castigo, adecuadamente conducida por el psicoterapeuta, le permitirá comprender que todos se equivocan, que todos deben asumir la conciencia de sus errores, pero que a nadie se le concede el derecho de permanecer en el muro de los lamentos a causa de aflicciones, sean estas reales o imaginarias.

El amor es como una fragancia. Se esparce de modo invisible, pero es percibido e impregna los sentimientos que se identifican con él, generando salud emocional y bienestar para todos.

Cuando se lo busca afanosamente, el amor se vuelve neurótico y perturbador, y nunca satisface las legítimas necesidades de la persona.

Por otra parte, la acción fraternal de la solidaridad hace posible una visión diferente de aquella en la cual el paciente se encierra, suponiendo que sólo él, como persona, vive una especie de *imperfección*. En esa labor de acción caritativa para con los enfermos, en relación a las demás personas que experimentan diferentes tipos de necesidades, el paciente se descubrirá entre aquellos a quienes Jesús, el Psicoterapeuta por excelencia, denominó como los hijos y las hijas del Calvario, porque también cargan sus cruces, algunas de ellas invisibles a los ojos de las demás personas.

La acción benéfica orientada al prójimo conduce al descubrimiento acerca de cuán saludable es ayudar, haciendo posible la comprensión de los dramas ajenos y, al mismo tiempo, encontrando una solución para los propios conflictos.

Quien se dedica a la compasión y a la caridad descubre, deslumbrado, que no es el único sufridor del mundo, y se identifica con muchos otros que también padecen, comprobando -al mismo tiempo- cuántos están luchando con valentía para superar los impedimentos y las dificultades que los someten a la aflicción.

Esa comprobación le sirve de estímulo para que también busque la manera de liberarse.

La terapia de la bondad, junto con la psicoterapia especializada, constituye un elemento edificante para la superación de los celos, porque en ese servicio el afecto se amplía, los horizontes se extienden, los intereses dejan de ser personalistas, y la visión acerca del mundo y de la sociedad se torna más complaciente, menos rigurosa.

La amorterapia, por lo tanto, es indispensable para superar todos los fenómenos de desequilibrio emocional, especialmente porque propicia el intercambio con el Pensamiento Divino, que se asimila a través de la oración y de la esperanza.

8

ANSIEDAD

• PSICOGÉNESIS DE LA ANSIEDAD
• DESPLIEGUE DE LOS FENÓMENOS ANSIOSOS
• TERAPIA PARA LA ANSIEDAD

PSICOGÉNESIS DE LA ANSIEDAD

Muchos son los factores predominantes que generan una propensión a que se desencadene la ansiedad.

Además de las circunstancias ancestrales, que resultan de los conflictos que se han conservado desde las existencias pasadas, el niño puede presentar, desde temprano, los primeros síntomas de ansiedad por el temor innato a lo desconocido -al que John Bowlby denominó apego o vinculación-, así como a lo que no le resulta familiar. En realidad, ese apego presenta un lado positivo, que es el de ofrecerle confort y seguridad, especialmente junto a la madre, con la que interactúa en forma placentera. Desde el nacimiento, sobre la base de ese sentimiento profundo, el niño se prepara para una efectiva interacción con la sociedad, y lo demuestra desde el principio, cuando toda alegría o satisfacción le provoca una amplia sonrisa, que lo muestra en calma y confiado.

Sin embargo, cuando eso no sucede, existe la posibilidad de que el niño no sobreviva o que atraviese períodos difíciles, debido al miedo indefinido que estaría originado por la ausencia de la madre, temor al cual los psiquiatras denominan ansiedad libre fluctuante.

El paciente presenta un miedo exagerado y, como ignora la causa, genera más miedo aún, formando un círculo vicioso. Ante esa ansiedad, las aparentes amenazas externas, aunque sean insignificantes, le resultan excesivamente grandes, culminando en la edad adulta con una dependencia infantil.

Cuando un niño es severamente castigado por los padres -que se presentan como depredadores crueles- tiene una mayor necesidad de apego, se vuelve más dependiente y busca refugio en ellos mismos, quienes son los factores que dan origen a su miedo.

Ese temor a lo desconocido, también según Bowlby, impone un vínculo familiar que, al ser desintegrado, amplía el área de la ansiedad.

Por cierto, el fenómeno tiene raíces profundas en la necesidad de reparación de la afectividad conflictiva, que viene de otras existencias espirituales, cuando hubo desequilibrio de la conducta, que generó animosidad (en los actuales padres) y necesidad de apoyo (en el Espíritu endeudado, que ahora se siente rechazado).

El vínculo con el padre produce seguridad, mientras que la separación genera angustia.

En el período inicial, ante la ausencia de la madre, ese vínculo puede ser transferido a otro; pero, más tarde, cuando el niño ya sabe quién es su madre, llora al no tenerla, se perturba, se inquieta y transfiere su inseguridad hacia los sucesivos períodos de la existencia.

Esa ansiedad básica o fundamental representa la inseguridad que resulta de sentirse solo, en un mundo hostil, con total desamparo, lo que conduce al individuo a un tormento en el que nunca se siente emocionalmente de acuerdo a como se encuentra, deseando conseguir lo que aún no ha ocurrido.

Como consecuencia de la inestabilidad que lo caracteriza, anhela situaciones en las que ocupe un lugar prominente, destacado, conquistas de valores, especialmente la realización a través del amor, mediante mecanismos espectaculares de fuga del conflicto...

La búsqueda del amor le resulta, entonces, tormentosa y desesperanzadora, como si a través de ese recurso pudiese atenuar la ansiedad. En su interior, sin embargo, evita los compromisos emocionales auténticos, por miedo a perderlos y a sufrir las consecuencias.

Existe una necesidad de identificar los pensamientos irracionales que a menudo son los responsables del desencadenamiento de la ansiedad. Basta con un simple encuentro, con algo que despierte un pensamiento automático e irracional, para que ella se haga presente.

En el inconsciente del individuo inseguro existe una necesidad de autorrealización que, cuando no se consigue, favorece su fuga a través de la ansiedad, produciendo habitualmente el desgaste del sistema emocional, lo cual genera estrés en el comportamiento.

En la problemática de los conflictos humanos surge la represión que, según Freud, sería el resultado de la ansiedad intensa, de un estado emocional muy semejante al miedo. Según él, el miedo del niño a perder el afecto de los padres lo lleva a la ansiedad, que lo induce a mantener actitudes de inquietud y agresividad.

Si se considera, además, de acuerdo con el eminente maestro vienés, que la ansiedad es muy desagradable para el niño, este se esforzará para liberarse de ella. Al no conseguirlo, huye hacia adentro de sí mismo, y experimenta la inseguridad de sentirse imposibilitado de reprimir aquello que la despierta -el acto prohibido.

Además, procesos enfermizos en el organismo físico son responsables del fenómeno de la ansiedad, especialmente si el individuo no cuenta con una estructura emocional equilibrada, capaz de hacer frente a las enfermedades.

El miedo a desmejorarse, a no liberarse de la enfermedad para conseguir la recuperación de la salud, el temor a la falta de recursos para atender las necesidades propias de la situación, el temor a los comentarios maliciosos de las personas insensatas con referencia al tema, el pavor a la muerte, favorecen el disturbio de ansiedad, que se agrava a medida que se presentan las dificultades.

La ansiedad es, en la coyuntura social de la actualidad, un grave factor de perturbación y de desequilibrio, que merece cuidados especiales, una observación profunda y una terapia especializada.

DESPLIEGUE DE LOS FENÓMENOS ANSIOSOS

La falta de serenidad para enfrentar los desafíos de la existencia lleva a que el comportamiento del individuo se torne enfermizo, lleno de expectativas, habitualmente perturbadoras, que le generan incapacidad para proceder de un modo equilibrado, y para el desarrollo de los valores éticos y morales correctos.

Al mismo tiempo, en su mente crece una gran cantidad de ambiciones, de deseos relacionados con la ejecución o la conquista de cosas, simultáneamente, que aturden y desorientan al paciente, quien de ese modo siempre se transfiere de un estado psicológico a otro, a menudo alternando también el humor, que es risueño en algunas ocasiones y serio en otras. La necesidad conflictiva de ocupar los minutos con actividades, incluso sin que se relacionen unas con otras, disminuye su capacidad de observación, confunde su pensamiento y, cuando por algún motivo imperioso se ve obligado a detenerse, percibe que la energía lo abandona y deja de prestar atención a lo que ocurre, para deslizarse, a través del sueño, rumbo a la evasión de la realidad.

Se justifica alegando que no está dormido, sino que ha cerrado los ojos, pero efectivamente lo ha dominado un extraño sopor, que es fruto de la falta de interés por lo que ocurre alrededor suyo, lo que lo convoca a otras motivaciones, las cuales, como no forman parte de su tormento, lamentablemente no despiertan su interés.

El comportamiento ansioso suele ser estimulado por continuas descargas de adrenalina, la hormona segregada por las glándulas suprarrenales, que activan el movimiento del individuo y, aparentemente, lo vitalizan con energías que pronto disminuyen de intensidad.

Por esa razón, en algunas ocasiones se vuelve locuaz, activo, alternando actividades que lo mantengan en un intenso trabajo, no siempre productivo, debido a la falta de coordinación y de metas. En otras ocasiones, apacigua su inquietud y se atormenta en un estado de mutismo, taciturno, pero interiormente ansioso y agitado.

Cuanto más se deja arrastrar por la insatisfacción relativa a lo que hace, más son las cosas que desea realizar, sin detenerse en el análisis de las operaciones concluidas, anhelando de inmediato otros desafíos y labores, que no tiene capacidad para atender conforme sería de desear.

En esa turbulencia de su comportamiento, los individuos suelen volverse exigentes y prejuiciosos, agresivos y violentos, deseosos de imponer su voluntad contra el orden establecido, o contra aquello que consideran errado y a lo que no hay cómo reparar.

Sus relaciones son turbulentas porque, si desean imponerse, no admiten restricciones a su forma de conducta, ni una orientación que los invite a un cambio de comportamiento.

Cuando se sienten atraídos sexualmente, casi siempre se vuelven pasionales, porque suponen que eso que experimentan es amor, y desean someter a la otra persona a sus caprichos y exigencias, como una demostración de fidelidad, lo que después de algún tiempo de convivencia resulta insoportable, debido a las descargas continuas de epinefrina, que son la causa de esa necesidad de cambios de conducta, debida a la inestabilidad en sus realizaciones.

El panorama de la ansiedad varía de un individuo a otro, aunque las características sintomáticas sean equivalentes.

El paciente se estresa con facilidad, debido a que carece de autoconfianza y de armonía interior, y tiende a sufrir trastornos depresivos, casi siempre de naturaleza bipolar, con graves repercusiones en los equipos neuronales.

Una vez superados los momentos de abstracción de la realidad, cuando la melancolía profunda lo sumergió en la falta de interés por la vida y en una tristeza sin igual, el salto hacia la exaltación lo conduce con frecuencia a los delirios visuales y auditivos, extrapolando las posibilidades, para asumir personificaciones místicas o histriónicas, poderosas y envidiadas, cuyas existencias ilusorias se hallan en su inconsciente.

Concluido el período de excitación, en el tránsito hacia una nueva inmersión en la angustia, el paciente se torna muy peligroso, porque la realidad pierde los contornos, y el deseo de fugarse, de liberarse del malestar, lo arroja a los abismos del suicidio.

Desfilan en nuestra comunidad social innumerables individuos ansiosos que se niegan a reconocer el disturbio que los atormenta, e intentan disfrazarlo con el alcohol y el tabaco, con los cuales dicen disponer de un bastón psicológico para apoyarse y reflexionar con más lucidez, o bien con las drogas adictivas o el sexo descontrolado e insaciable, lo que complica aún más su cuadro de insania emocional.

Reconocer la situación da la oportunidad para una terapia de autoayuda, como mínimo, permitiendo que reciba de inmediato el apoyo del especialista.

TERAPIA PARA LA ANSIEDAD

No cabe duda de que tanto las aflicciones como los desengaños que aturden al ser humano proceden del Espíritu que él es, vinculado a los conflictos que derivan de las frustradas experiencias corporales del pasado.

El *Self*, a lo largo de las vivencias acumuladas, exterioriza las inquietudes y las culpas que necesitan ser liberadas mediante la catarsis del sufrimiento reparador, a fin de que se armonice.

Cuando eso no ocurre, el *ego* se presenta aturdido, inquieto, ansioso…

En el disturbio de la ansiedad, específicamente, esos fenómenos atormentadores se suceden, a modo de liberación de los dramas íntimos que yacen en el inconsciente profundo -archivados en la intimidad del periespíritu- y afectan el sistema emocional.

La terapia liberadora deberá iniciarse con la racionalización del tormento, tratándolo mediante la reflexión y la adopción del optimismo, de modo que lentamente la paciencia y el equilibrio puedan instalarse en los paisajes interiores.

Hábiles psicoterapeutas conseguirán detectar las causas actuales de la ansiedad -remanentes de las causas anteriores-, a fin de liberar poco a poco al paciente, a través de la confianza que le infunden, alentándolo a que adopte decisiones saludables.

En algunos casos, cuando exista el problema de la libido, el psicoanalista podrá conducir al individuo de regreso a la experiencia de la vida fetal, o de la perinatal, o a la vida infantil en el hogar, para desenredar las tramas que lo retienen en torno de la perturbación que no consiguió elaborar en la etapa en que se produjeron los acontecimientos.

Como transfirió los temores y las incertidumbres hacia el inconsciente, ahora resurgen en forma de ansiedad, que podrá ser diluida después de la labor psicoanalítica a partir de sus orígenes.

El paciente, no obstante, como responsable de la perturbación psicológica, debe comprender la finalidad de su actual existencia corporal, de modo de equiparse con firmeza para trabajar sobre sí mismo y adaptarse al proyecto de la salud y la paz.

En ese sentido, las lecturas edificantes que favorecen la renovación mental y emocional, las técnicas del yoga que disciplinan la voluntad y el sistema nervioso, constituyen valiosos recursos psicoterapéuticos al alcance de todos.

Nunca debiera omitirse, además, que la meditación induce a la calma y al bienestar, inspira a la acción del bien, del amor, de la compasión y de la caridad en relación consigo mismo y con el prójimo, captando la alegría de vivir y la satisfacción de autorrealizarse, mediante la aceptación de los designios divinos, al tiempo que se realizará la tarea propia de una criatura lúcida y consciente de sus propias responsabilidades, que ha descubierto el noble sentido de la existencia.

La ansiedad lógica, el deseo de que ocurra aquello que se aguarda, la expectativa normal en torno de los fenómenos existenciales, componen un cuadro saludable en la vida de todos los individuos equilibrados.

Sin embargo, el tormento que produce disturbios generalizados, tales como la sudoración abundante, el colapso periférico, la arritmia cardíaca, la inquietud exagerada, el temor al fracaso, genera el estado patológico que puede ser superado con el auxilio de un especialista en psicoterapia, y con el deseo personal aplicado con empeño para conseguirlo.

Por consiguiente, las aflicciones que derivan de la ansiedad se pueden erradicar gracias a los cuidados especializados, a los que se suma la aplicación de la bioenergía por medio de los pases y del agua fluidificada, que restauran el campo vibratorio y revitalizan las células. Asimismo, el hábito de la oración y el cultivo de los pensamientos dignificantes constituyen la culminación del proceso curativo para el encuentro con la salud y con la paz.

Jesús, el Psicoterapeuta por excelencia, afirmó, en el Sermón de la Montaña (*Mateo, 5:4*): *Bienaventurados los que lloran* -mientras se recuperan de las culpas y de los defectos- *porque ellos serán consolados.*

9

CRUELDAD

- PSICOGÉNESIS DE LA CRUELDAD
- DESARROLLO DE LA CRUELDAD
- TERAPIA PARA LA CRUELDAD

PSICOGÉNESIS DE LA CRUELDAD

En la raíz de la crueldad existe un trastorno profundo de la personalidad. Esa alienación perversa se origina en una conducta criminal ejercida en existencias pretéritas, cuando el Espíritu, que se sentía una víctima por no entender las leyes de equilibrio vigentes en el Cosmos, empuñó la daga de la falsa justicia y se vengó de aquel al que consideró responsable de su desdicha.

Es probable que el crimen no haya sido aclarado, pero en el agresor quedaron las marcas del sentimiento perverso, que ahora resurge a modo de crueldad.

También, es probable que la Justicia, después de descubrir al homicida, lo haya conducido ante un tribunal para que rinda cuentas a la sociedad, tras lo cual se le aplicó la sanción correspondiente, de acuerdo con los cánones legales. No obstante, en lugar de que el culpable aprovechara el correctivo para su reparación emocional, se internó en los oscuros caminos de la rebeldía. Y, además, en la convivencia con otros compañeros igualmente desdichados, asimiló el veneno del odio y se hizo más desdichado aún. Así, en la actualidad, se encuentran caracterizadas en su conducta las reacciones de resentimiento y de venganza contra la humanidad, a la que ahora detesta.

Invitado a renacer, grabó en los sutiles tejidos del cerebro las impresiones grotescas que influyen en sus conexiones neuronales, dando lugar a una personalidad alienada, insensible, desagradable.

Debido a la Ley de causa y efecto, renació en un hogar deshecho, a fin de que experimentara las consecuencias lamentables de sus nefastas acciones, padeciendo los sufrimientos que le imponía la madre enferma o alcohólica, el padre desorientado y falto de compasión, quienes le aplicaron castigos injustos, o lo expulsaron del hogar, arrojándolo en la vorágine de las calles infectas y sombrías de la criminalidad.

Desde otro aspecto, en un ambiente más acogedor, con mejores condiciones económicas y morales, desarrolló la envidia y la amargura, porque no consiguió superar la inferioridad espiritual, que lo precipitó nuevamente en los desvanes de la perversidad, donde cultivó el desdén contra las demás criaturas, y alimentó el deseo de atravesarlas con dolorosos dardos.

En algunos cuadros de esquizofrenia encontramos al paciente perverso, desprovisto por completo del sentimiento de culpa o de la conciencia del deber, que se mantiene impasible ante su propia conducta tenebrosa.

Con una inmensa capacidad para disimular los sentimientos, puede conducirse de manera tan afable como gentil -adoptando una personalidad saludable-, para expresar de inmediato su realidad cruel, cuando maltrata y se predispone a destruir a la persona contra la que dirige su enfermizo temperamento.

La ausencia de verdadero amor -que en especial procede de la madre-, le produjo desvíos emocionales, debido a que el cerebro padeció escasez de progesterona y de serotonina, las cuales alteran la formación saludable y desarmonizan las sinapsis.

Por esa razón, el criminal rudo y cruel suele ser fruto de una convivencia infeliz junto a la madre insensible, que no tuvo condiciones para amar o atender al hijo, a quien le aplicaba palizas reiteradas, y lo agredía con expresiones dañinas, lo cual desarrolló en él la capacidad de odiarla, que luego se reflejó en la sociedad, a la cual también culparía por los sufrimientos que experimentó. Cada vez que agrede o hiere, mata o viola, en su inconsciente está haciéndolo a su madre o a su padre, a quienes aborrece y pretende destruir.

De alguna manera, esa es la historia de los asesinos seriales, de los bandidos profesionales, quienes reciben remuneraciones para que cometan crímenes, con un elevadísimo índice de crueldad, sin que se den cuenta del estado en que se hallan.

Los castigos legales que se les aplican, lamentablemente nada consiguen en cuanto a su modificación emocional. Más correcto sería intentar un tratamiento psiquiátrico, para que sean útiles -mientras están privados de su libertad- por lo menos consigo mismos y, más remotamente, para con la sociedad, a la cual no se sienten vinculados.

No obstante, en personas de comportamiento normal, sin resistencias emocionales ni espirituales, la ingestión del odio, debido a los prejuicios y las injusticias que se les imponen, puede desarrollar la crueldad sobrecargada con el peso de la culpa y la autocompasión, que vuelven aún más aflictivo el fardo que cargan.

En la amargura que los domina, surgen crisis de arrepentimiento y, muchas veces, formulan propósitos de renovación, que se pueden afirmar cuando encuentran apoyo, afecto y comprensión fraternal.

La crueldad es un morbo terrible que aún devasta muchas emociones.

DESARROLLO DE LA CRUELDAD

A causa de los conflictos que se generalizan en las criaturas humanas, el enfermo emocional casi nunca encuentra comprensión ni otros factores que despierten sus sentimientos adormecidos.

Cuando consigue captar simpatías, aparenta ser portador de un comportamiento normal, sin dejar traslucir lo que sucede en su interior.

No obstante, un pequeño incidente en el trato con los demás puede encender la llama que lo abrasa, y entonces surge el deseo de castigar a quien le provocó algún contratiempo, sea este real o imaginario.

En ese caso, disimula el impulso lamentable y planifica, a menudo con riqueza de detalles, la mejor manera de ocasionarle sufrimientos, y experimenta un bienestar anticipado ante la perspectiva del éxito, que lo transforma en un sádico.

Naturalmente, esa conducta cruel se manifestó en la niñez, cuando infligió padecimientos a las aves y a otros animales, y a niños a quienes maltrató, desarrollando indiferencia por todo y por todos, lo que lo volvió inmune a la emoción y a la piedad.

A diferencia de otros psicópatas, no elude la convivencia social, a la que íntimamente desprecia, pues de ese modo puede estar más cerca de las futuras presas que elige, motivado por la envidia, el despecho, o simplemente porque se encuentra cerca de alguien que está en el lugar equivocado, en el momento inadecuado…

Cuanto más se dedica a la crueldad, más adquiere el enfermo la habilidad para ocultarla y convertirla en algo peor, hasta que alcance niveles perversos que una mente sana no puede siquiera imaginar.

Cuando es sorprendido en los primeros intentos, no encuentra una explicación aceptable para su morbidez, ni una justificación coherente para su acción nefasta.

El placer que resulta del crimen oculto, lo estimula a proseguir con la acción enfermiza, sin detenerse ante nuevos intentos infelices.

Portador de una vida interior muy activa, a causa de la conducta que se permite, es sagaz y rápido para razonar; esconde la verdad y se complace en engañar hasta que cae en las trampas que preparó para los demás.

No experimenta arrepentimiento alguno por los actos practicados, y eso lo induce a segar la vida de personas a las que debería querer -padres, otros familiares, amigos-, con la misma indiferencia con que interrumpiría la existencia de un ser despreciable.

No todos, sin embargo, son inducidos al homicidio, y pueden permanecer en la periferia de esa práctica repugnante, mediante el maltrato de diferentes maneras a aquellos que se les acercan, a través de la indiferencia, real o bien urdida, desdeñando los valores morales y sociales que dignifican a la humanidad, habilidosos en el arte de ironizar y mentir, ubicándose más allá del Bien y del Mal, como si fueran inalcanzables en el infame procedimiento al que se entregan.

Allan Kardec, en el parágrafo 752 de *"El libro de los Espíritus"* preguntó a las venerables Entidades:

¿Se puede relacionar el sentimiento de crueldad con el instinto de destrucción?

Recibió esta sabia respuesta:

Es el instinto de destrucción en lo que tiene de peor, porque si la destrucción es a veces una necesidad, la crueldad nunca lo es. Siempre resulta de una naturaleza mala.

Los individuos crueles son sonámbulos emocionales que atacan, cuanto les es posible, los objetivos nobles y dignificantes de la especie humana.

TERAPIA PARA LA CRUELDAD

Ante esos desdichados causantes de desdicha son necesarias conductas de seguridad moral, a fin de que sus provocaciones bien urdidas no se transformen en motivo de sufrimiento ni de angustia general y/o personal.

Porque son merecedores de compasión, se encuentran más necesitados de un cuidadoso tratamiento, mediante psicoterapias especializadas, en las que el psicoterapeuta puede recurrir a la regresión de la memoria, para reducir en ellos el flujo de los sentimientos contradictorios que afloran del inconsciente, modificando las fijaciones de perversidad que manifiestan como lamentables mecanismos de venganza.

Praxiterapias valiosas, debidamente aplicadas, consiguen generar interés en actividades que antes eran despreciadas, y desvían la mente de la cruel obstinación.

Conversaciones pacientes y reiteradas, música relajante, danza, y todo el arsenal psicoterapéutico al alcance de los nobles psicólogos, según la escuela a la que se vinculen, son recursos valiosos para auxiliar al paciente cruel.

En casos especiales, la terapia psiquiátrica auxiliará para la regularización de las *neurocomunicaciones*, hasta restablecer, a largo plazo, el equilibrio correspondiente.

Al mismo tiempo, la terapia espírita de la bioenergía consigue efectos saludables, pues alcanza los delicados campos de energía en el Espíritu reencarnado, produciendo renovación y orientación en su capacidad de razonar.

Es muy probable que en los casos de crueldad se encuentren vinculados los Espíritus que fueron víctimas del paciente, quienes se valen de él para el comercio enfermizo de la vampirización, mediante el cual le sustraen fuerzas valiosas y se toman venganza, de esa forma, del padecimiento que se les impuso.

En ese caso, las actividades de desobsesión constituyen un recurso invalorable, rico en procesos liberadores, gracias a los diálogos que se pueden mantener con los enfermos desencarnados, para ayudarlos a que comprendan las Leyes Divinas y la necesidad de alcanzar la felicidad que también está reservada para ellos.

En consecuencia, al unirse los recursos terapéuticos de las doctrinas psicológicas con las que son propias del espiritismo, el paciente se convierte en un campo experimental positivo, en el cual el amor y la caridad se dan las manos para auxiliar, rompiendo las cadenas del pasado y esbozando el paisaje feliz del futuro.

Todos los individuos, con las excepciones inevitables -desde luego-, experimentan alguna que otra vez, o con cierta insistencia, repentinas crisis de crueldad cuando son agredidos, maltratados o discriminados…

Es conveniente, pues, mantener la terapia preventiva mediante la reflexión equilibrada, la meditación, la oración y la práctica incesante de la caridad, que fortalecen los sentimientos y aumentan la capacidad de resistencia personal, ante la invasión de los agentes que podrían destruir la salud y la paz.

10

VIOLENCIA

- PSICOGÉNESIS DE LA VIOLENCIA
- DESARROLLO DE LA VIOLENCIA
- TERAPIA LIBERADORA DE LA VIOLENCIA

PSICOGÉNESIS DE LA VIOLENCIA

En el proceso antroposociopsicológico de la evolución, a través del tránsito por los diferentes reinos de la naturaleza, el principio espiritual conquista experiencias, emociones y conocimientos, mediante los cuales desarrolla los recursos divinos que en él se encuentran en germen.

Dormido en el mineral, lentamente se exteriorizan de él las energías para la aglutinación de las moléculas, lo cual amplía las posibilidades para el despertar en el vegetal, donde crece en recursos de sensibilidad, a fin de liberar los instintos en el tránsito animal, desplegando las facultades de la inteligencia, de la razón, de la conciencia en la etapa humana, en su avance hacia la conquista de la intuición, que se produce en el período angelical.

Debido a los cientos de millones de años transitados en las experiencias rudimentarias, el principio espiritual transfiere naturalmente, de una etapa a otra, las conquistas logradas, ampliando las posibilidades de desarrollo en la etapa siguiente, en la que supera las obligaciones anteriores e instala las nuevas conquistas.

En el salto de las expresiones animales hacia el ciclo de la humanidad, durante mucho tiempo tiene lugar la fijación de los instintos y de los automatismos fisiológicos, que se transfieren para la preservación de la existencia, mientras eclosionan las facultades superiores de la vida, que se encargarán de liberarse de las penosas opresiones de la etapa primaria.

Ese nivel, el tránsito entre la fase anterior -instintiva- y la que se presenta -consciente-, se caracteriza por un predominio poderoso de los hábitos automáticos y de los fenómenos de defensa y preservación de la vida, debido a la depredación inconsciente conservada por el Espíritu violento, agresivo…

En algunos casos, se producen los fenómenos del miedo a los enfrentamientos y la permanencia de las intensas pasiones portadoras de un carácter competitivo, defensivo y agresivo, que desencadenan la violencia.

Tras prolongados debates médicos en torno a la cuestión de la violencia y la salud, que constan en estudios epidemiológicos, en procura de criminales que presenten disturbios mentales, se llegó a la conclusión, casi generalizada, de que la insania psíquica no sería responsable de la elevada incidencia de hechos criminales.

No obstante, por nuestra parte, opinamos que las tendencias biológicas -desde un enfoque también biopsicológico- llevan a la violencia, que se presentaría como resultado de componentes biológicos y psicológicos descompensados, como resultado de los registros de las herencias espirituales en el cerebro del individuo. Los factores sociales se presentarían como consecuencia de las conductas en el contexto de la sociedad.

Caracteres morales que no resisten las discriminaciones impuestas por circunstancias sociales o económicas, siempre injustas, estimulan la reacción a través de la violencia: un audaz recurso que los débiles utilizan para imponerse, superando los conflictos de aquello que consideran inferioridad, la cual es aguijoneada por la perversidad de leyes despiadadas, o por la sociedad egoísta e indiferente.

Es natural que la criatura humana sea conducida por sus pasiones, mientras prevalecen en ella los remanentes ancestrales del proceso evolutivo. Cuando no consigue de una forma pacífica aquello que pretende, recurre a la violencia, que depende poco de las fuerzas físicas, puesto que los más débiles pueden vencer a los fuertes, o los menos inteligentes superan a los más lúcidos y cultos, gracias a los ardides del instinto predador del que son portadores.

En ese contexto, el paciente puede ser considerado portador de una personalidad antisocial que, según el CIE-10 (Código Internacional de Enfermedades), se trata de un trastorno de la personalidad caracterizado por el desprecio de las obligaciones sociales y la falta de empatía para con los otros.

Representaría un considerable desvío conflictivo de la conducta en relación con los criterios establecidos, difícil de corregir, incluso mediante penosas exigencias, tales como los correctivos o castigos, o incluso a través de afrontar situaciones profundamente adversas.

No todos los autores consideran que el paciente violento sea portador de una personalidad antisocial.

Sin embargo, como en él existe una baja resistencia a las frustraciones, a las luchas y a los desafíos, con la tendencia a culpar a los otros o tornarse radical ante cualquier acontecimiento o concepto en que se apoye, termina por ponerse en contra de la sociedad que lo alberga, transformándose en portador de un trastorno amoral o asocial de la personalidad.

Por su parte, el DSM-IV (Manual Diagnóstico y Estadístico de los Trastornos Mentales) explica que se puede identificar al portador del trastorno de la personalidad antisocial mediante una norma invasiva de falta de respeto y violación de los derechos de los otros, que se inicia en la infancia o al comienzo de la adolescencia y continúa en la edad adulta.

El individuo involucrado en esa definición es incapaz de sentir remordimiento -como ocurre con los portadores de crueldad, caracterizados también por el trastorno antisocial de la personalidad- dado que son conscientes de lo que hacen, aunque permanecen totalmente irresponsables.

Cuando no se muestra indiferente a las consecuencias de sus actos, ejecuta un mecanismo de realización superficial para justificar la acción criminal, una vez que esta sucede; o maltrata, hurta, roba al prójimo, sin que manifieste el menor sentimiento de culpa.

Siempre cree que tiene razón, justificando que los otros son imbéciles, y que por eso reciben lo que merecen de la vida.

Nunca intenta modificar su conducta o recibir asistencia, pues eso lo conduciría al equilibrio moral y social.

DESARROLLO DE LA VIOLENCIA

El cinismo es una expresión que caracteriza la conducta del individuo violento. Surge en el período infantil -cuando es patológica- y se prolonga en la adolescencia, durante la cual se revelan las inclinaciones agresivas con mayor intensidad, hasta que llega a la edad adulta careciendo de una adaptación equilibrada al ámbito social.

Ese tipo de sociopatía permite al paciente una existencia egocéntrica, una conducta teatral, superficial, sin control sobre sus impulsos. En su frivolidad, están ausentes los sentimientos fraternos relativos a las demás personas, y supone que es portador de valores que realmente no tiene.

Como no dispone de un sentimiento organizado, es insensible al amor, aunque se muestra exigente e insatisfecho, y siempre resentido contra las personas que no le simpatizan. Invariablemente es hábil en la manera de manipular a aquellos con quienes convive; miente descontroladamente, sin escrúpulos, y duda de la inteligencia de los otros...

Cuando es descubierto en la conducta excéntrica y falsa que se permite, parece arrepentirse, con el fin de ganar la simpatía de sus víctimas. Sin embargo, permanece insensible a toda transformación moral que signifique mejoramiento.

Siempre sabe disimular su conducta, y se torna gentil y simpático. Eso llevó a que la corriente americana de psiquiatras partidarios de la antipsiquiatría sugiriese que ese tipo de sociópata fuera excluido de las clasificaciones de la doctrina mental, advirtiendo que el problema era de naturaleza moral y ética antes que médica.

Sin duda, incluso en el supuesto de que el trastorno fuese exclusivamente moral, hace falta la ayuda médica, a fin de corregir las perturbaciones de las sinapsis neuronales que generan el desequilibrio del comportamiento.

Ese tipo de trastorno de la personalidad se presenta tanto en el contexto familiar como de otras maneras, a saber: carente de socialización, socializado, desafiante de oposición.

Se revela en la convivencia -sea doméstica, escolar, comunitaria-, en el área laboral -cuando el paciente trabaja regularmente-, y se manifiesta a través de una conducta agresiva que culmina casi siempre en luchas, con o sin armas.

Cuando no puede tomar venganza de aquellos a quienes considera sus adversarios, maltrata a los animales, a las plantas; destruye objetos pertenecientes a las personas que desprecia, a fin de producir malestar, o se entrega a verdaderos comportamientos de vandalismo, que pueden conducir a lamentables acciones de terrorismo cobarde, como está ocurriendo en la actualidad…

Durante la juventud, al sentirse frustrado y, por lo tanto, no realizado, puede convertirse en un violador, a causa de conflictos con respecto a su propia sexualidad desequilibrada.

Además, en el rumbo de una conducta irregular, el paciente que se percibe dominado por la violencia y no dispone de coraje para la agresión, en la que puede ser víctima de su impulsividad, se dedica a hurtar y robar, gozando con los perjuicios que ocasiona a otros individuos y a la comunidad, a la que trata de depredar, en la insania que lo destruye.

Estudios exhaustivos han demostrado que algunos de esos trastornos, generadores de violencia intermitente, pueden ser consecuencia de desajustes en el sistema nervioso central.

En este aspecto, es posible destacar -en los jóvenes en especial- perturbaciones profundas que generan alteraciones disrítmicas del sistema nervioso central, las cuales pueden ser consideradas una hiperactividad con déficit de la atención.

Al desequilibrarse cada vez más, el paciente puede caer en un trastorno psicótico con delirios, que lo impulsa a realizar acciones criminales aberrantes, sin darse cuenta del completo desequilibrio que lo destruye.

Ese tipo de delirio es, casi siempre, de naturaleza persecutoria -la manía de persecución-, con legítimas crisis de paranoia, cuando se siente acosado por personas o grupos, que se organizan con el fin de destruirlo, porque no lo aman, debido a que él está programado para realizar acciones humanitarias y de rescate de la sociedad...

Ante ese cuadro, la agresividad y el crimen son casi inevitables.

Cuando se ha instalado la sociopatía, el único recurso deberá ser el tratamiento de emergencia recomendado por la psiquiatría.

TERAPIA LIBERADORA DE LA VIOLENCIA

La psicoterapia resulta de considerable utilidad en pacientes que son víctimas de la violencia.

Si se toma en cuenta el prolongado proceso de instalación del disturbio sociópata de la personalidad, el tratamiento exige un largo período de liberación de las raíces perturbadoras, que dieron surgimiento a la insensibilidad y a todo el cortejo de disturbios de la conducta.

El paciente necesita el apoyo sincero y afectuoso de la familia, a fin de que vuelva a encontrar la confianza en sí mismo y desarrolle la autoestima, profundamente desorganizada.

Entretanto, si persiste en la conducta inestable y agresiva, el tratamiento psiquiátrico con medicamentos específicos lo auxiliará para reorganizar el sistema nervioso central y restablecer las neurocomunicaciones deficientes, de cuyo cambio orgánico resultarán beneficios psicosociales en favor suyo.

Dado que se vive -inevitablemente- en un clima de intercambio entre las mentes, los adversarios del enfermo y de la sociedad encontrarán en él un excelente campo para la fijación de sus sentimientos abyectos, dando lugar a los complejos mecanismos de las obsesiones graves, que requieren las valiosas contribuciones de la bioenergía y del adoctrinamiento de los verdugos desencarnados.

La inclinación hacia la violencia atrae a los semejantes del *Más Allá*, y genera un intercambio pernicioso, en el cual la ferocidad de las personalidades intrusas se mezcla con el temperamento desorganizado del anfitrión, haciendo que se agrave la enfermedad, que amenaza al ciudadano y a la sociedad.

En la terapia de naturaleza psicológica es necesario incluir la orientación hacia las lecturas saludables, que pueden sensibilizar al enfermo, y mostrarle otros modelos de conducta, así como las expresiones elevadas de solidaridad, compasión, amor y caridad, que existen en el mundo, todo lo cual favorece su autorrealización y la plenitud.

El recurso de la oración, por su parte, le proporcionará momentos de reflexión y de bienestar, aun cuando al comienzo encuentre dificultades para la sintonía con las *Fuentes Generadoras de la Vida*, lo que es comprensible.

Una vez creado el hábito, este atraerá a los Benefactores del *Mundo Mayor*, que comenzarán a liberar al paciente de los vínculos mórbidos de la obsesión, inspirándole nuevas iniciativas, en las que encontrará placer, y comprobará que su problema no es aislado, sino que forma parte de las luchas en las cuales se encuentra la humanidad.

Cuando las criaturas, durante la infancia y la adolescencia, puedan disfrutar del conocimiento espiritual, y educarse en contacto con la *Vida Abundante*, los vínculos con el pasado infeliz de donde proceden se debilitarán, lo cual impedirá que se restablezcan las luchas con los enemigos desencarnados. Al mismo tiempo, al comprender la realidad del ser, que es inmortal, adquirirán herramientas para impedir la eclosión de las tendencias perturbadoras.

En la educación moral, a través del ejemplo y de la rectitud, se halla la más eficiente psicoterapia preventiva y, por cierto, curativa, para todos los disturbios de la sociedad o de aquellos que la constituyen, como células de relevante importancia.

No obstante, al declararse los procesos violentos y destructivos, aún es posible asistir al enfermo espiritual con los excelentes recursos psicoterapéuticos de la actualidad, enriquecidos con las saludables contribuciones de la doctrina espírita.

11

NEURASTENIA

• PSICOGÉNESIS DE LA NEURASTENIA
• DESARROLLO DE LA NEURASTENIA
• TERAPIA PARA LA NEURASTENIA

PSICOGÉNESIS DE LA NEURASTENIA

La neurastenia, que antes era conocida como debilidad de los nervios, comenzó a ser incluida en los estudios psiquiátricos a partir de las propuestas del norteamericano Dr. G. M. Beard, en 1879. Eso dio lugar a que Müller presentara, en 1894, un estudio debidamente elaborado, aunque sintético, sobre ese síndrome perturbador.

También en el siglo XIX, Weir Mitchell definió que el cansancio extremo, cualquiera sea su naturaleza -físico, emocional y mental-, es responsable del desencadenamiento de ese trastorno neurótico.

En esa época, se vivía el período de estudios acerca de la histeria, a la cual Pierre Janet y otros estudiosos asociaron -al igual que a sus efectos-, con la disfunción orgánica generadora del proceso de conversión…

A medida que los avances del conocimiento ampliaron el estudio de los trastornos neuróticos y psicóticos, y la bioquímica permitió que fueran comprendidos en mayor profundidad, se eliminó la posibilidad de que sustancias específicas fuesen responsables de la irrupción de la neurastenia. Se comenzó a considerar, con más propiedad, a la neurastenia y a las organoneurosis como enfermedades de adaptación, es decir, como alteraciones del mecanismo normal de adaptabilidad del individuo. Entretanto, minuciosas observaciones como, por ejemplo, las de Cannon, permitieron constatar un aumento de la secreción de adrenalina sobre la actividad muscular, aumentando, por consiguiente, la combustión del glucógeno, lo que provoca la disminución del nivel de glucosa en la sangre, que afecta al sistema neurovegetativo.

Se supone, de esa forma, que la neurastenia es el resultado de una especie de fuga de la realidad, como excusa inconsciente, de parte del paciente, relacionada con los fracasos personales, ante las realidades de naturaleza perturbadora. Se produce, entonces, una pérdida de interés por los acontecimientos, y una falta de motivación para las realizaciones dignificantes, debido a la carencia de la autoestima y del valor para superar los límites exigibles.

No se puede negar que la neurastenia está en gran medida vinculada con los procesos *organoneuróticos*, a causa de la ansiedad que se libera por la vía somática, mediante la utilización del sistema vago-simpático. Por otra parte, diversos autores describen el trastorno neurasténico como más cerca de la histeria, mientras que otros prefieren caracterizarla como una expresión depresiva, con manifestaciones maníacas y tendencia a la esquizofrenia.

Sin dudas, el estado de agotamiento desempeña un papel fundamental en la eclosión del proceso neurasténico, porque produce la *fatigabilidad*, la cual podría ser transitoria si no fuera por su continuidad y permanencia, que torna patológico a ese agotamiento nervioso que resulta del cansancio, toda vez que el reposo no logra restablecer el equilibrio somático.

En esa etapa se presentan la irritabilidad, el mal humor, el pesimismo, que caracterizan la presencia de la neurastenia.

También se puede registrar este síndrome en individuos portadores de una constitución física asténica, aunque no estén bien definidas las razones por las cuales se produce el fenómeno perturbador de esta psiconeurosis.

Por cierto, no se trata solamente del exceso de actividad en sí mismo, sino de la forma como el trabajo se lleva a cabo, así como de los motivos que lo promueven, y de las compensaciones que otorga.

Deriva de las frustraciones que se ocultan en el inconsciente, que inducen a la realización de esfuerzos exagerados. En otras ocasiones, se debe a la culpa que deriva de la insatisfacción, de la necesidad de autorrealización, pero desprovista de autoconfianza en relación con su éxito, o de la imposición exhibicionista de mostrarse, como también de la timidez que tiene necesidad de protección, incluso si es inconsciente.

Cuando el móvil del trabajo es idealista y generador de plenitud, los estímulos emocionales diluyen la fatiga o facilitan la renovación de las fuerzas, sin que el cansancio desarticule los equipamientos del sistema vago-vegetativo.

En la nosología de la neurastenia, la ansiedad es responsable de la insatisfacción del paciente, que trabaja con afán y se siente agitado aunque se encuentre en reposo, suponiendo que desperdicia el tiempo y que alimenta una conducta irresponsable.

Mediante cuidadosos estudios se descubrió la acción de la adrenalina, segregada por las glándulas suprarrenales, como desencadenante de disturbios glucémicos, que podrían presentarse en el síndrome neurasténico.

Con todo, no cabe duda de que es el Espíritu, y no el cuerpo, el responsable del disturbio, debido a la culpa que resulta de la ociosidad y de la extorsión a otras vidas en existencias pasadas, lo que genera, en la actualidad, los procesos de recuperación a través de la reparación dolorosa.

La inestabilidad emocional, en forma de labilidad, lo impulsa al trabajo descontrolado, que lo atormenta, cuando debería resultarle terapéutico.

Las consecuencias de la neurastenia son destructivas cuando no se las trata con eficiencia, y se vuelven crónicas.

Es portadora de un vasto conjunto de conflictos vinculados con ella, principalmente los derivados de la insatisfacción.

DESARROLLO DE LA NEURASTENIA

La ansiedad mórbida surge en cualquier etapa de la existencia humana.

A medida que se instala, irrumpen los síntomas inquietantes, entre los cuales se destaca la irritabilidad.

Esos síntomas pueden presentarse acompañados de inapetencia o de glotonería, esta última en la condición de fuga del conflicto interno, que no ha sido detectado por el Yo consciente.

Con el paso del tiempo, los episodios de insomnio o de interrupción del sueño aumentan su intensidad, y tornan desagradables las noches del paciente, así como angustiante y agotador su despertar...

No obstante, a medida que el día avanza, se produce una mejoría en la adaptación, y culmina con cierto equilibrio al atardecer.

Siempre se presenta una *hiperfatigabilidad*, un exceso de preocupación por la salud, e inseguridad en el comportamiento.

En el hombre, los efectos pueden manifestarse también como impotencia sexual, mientras que en la mujer se producen dismenorreas.

Cuando el proceso patológico se halla en un estado más avanzado, surgen paresias y complejidades nerviosas que atormentan al enfermo.

Si el paciente no recibe orientación, o la desprecia cuando la tiene, más ansiedad acrecienta sus acciones y actividades, empeorando el cuadro.

Las relaciones se tornan difíciles a causa del mal humor del enfermo, y de una cierta dosis de pesimismo y desconfianza a la que se entrega.

Se pueden agregar procesos físicos de perturbación orgánica, como extrasístoles, fuerzas debilitadas, sudoración fría y abundante, pulso irregular, siempre bajo la circunstancia de la ansiedad mórbida.

La neurastenia es un síndrome grave que se extiende en el organismo social, devorando las bellas floraciones de la esperanza humana.

Confundida con trastornos neuróticos, mereció de Freud -durante el análisis de estos últimos- el concepto de que se trata de una represión incompleta, por parte del *yo*, de los impulsos del *ello*. El impulso, si es reprimido, amenaza, aunque la represión intente impedir su irrupción en la conciencia y en la conducta. En los intentos para defenderse de nuevos impulsos, toma cuerpo la conducta neurótica, que busca de alguna forma la sustitución de los mismos, en un esfuerzo continuo para alejarlos totalmente.

Al considerar los criterios de duración y de intensidad, Freud clasificó las neurosis en función del conflicto que las desencadena y de la especie de su constitución.

Incluso en esos casos, en la esencia de todo conflicto está el Espíritu insatisfecho con la conducta, marcado por el sufrimiento que resulta del error que necesita reparación, a fin de que se produzca el equilibrio de la conciencia y, por consiguiente, la liberación de la culpa inmersa en ella.

En la extensa jornada evolutiva, las experiencias dolorosas afectan al ser durante un largo período, dificultando la comprensión de los fines esenciales y nobles de la vida.

Con el transcurso y la vivencia de nuevas experiencias, se vuelven muy complejos los acontecimientos que deben ser elaborados, dando lugar a los conflictos que se transfieren de una reencarnación a otra, y generan disturbios de comportamiento, indecisión, timidez, angustia, trastornos neuróticos, que el trabajo paciente de la psicoterapia y de la renovación personal logran superar.

En los análisis de las reencarnaciones sucesivas se encuentran las mejores respuestas para toda suerte de perturbación y de impulsos incontrolables, que desconciertan a los seres humanos.

Cuando faltan el interés por una existencia feliz, y el discernimiento para comprender y llevar a cabo el mejor método, en favor de una trayectoria dichosa, el individuo se retuerce en las convulsiones de la agonía, sin la confianza ni la paz que le permitan proseguir con los emprendimientos abrazados, o por abrazar, de manera productiva.

La astucia, que caracteriza el primitivismo del ser humano, es responsable de actitudes lamentables, que supone compatibles con los objetivos de lograr resultados satisfactorios, valiéndose de recursos abyectos para alcanzarlos. El astuto, creyendo en la ingenuidad ajena o en su ignorancia en torno a los métodos utilizados, se olvida de que su propia conciencia se convierte en un juez imparcial que no puede ser engañado, y que siempre impone los castigos reparadores, como un recurso para propiciar la tranquilidad.

Por eso surgen tormentos e inquietudes que parecen improcedentes, cuando en realidad son el efecto de los comportamientos morales negativos, que él mismo se permitió.

TERAPIA PARA LA NEURASTENIA

La psicoterapia dispone de un excelente arsenal de recursos para atender al paciente neurasténico.

Al comienzo es indispensable que él mismo reconozca el estado en que se encuentra y opte por esa ayuda que le será valiosa, predisponiéndose a aceptar el tratamiento.

Mediante los nuevos estímulos del psicoterapeuta, se produce la remoción de la culpa y de los tormentos internos, a través de un análisis de la realidad en que el paciente se encuentra. Su anterior impulso al trabajo, entendido como una autorrealización punitiva, se transforma y da lugar a un campo no experimentado de placer durante la ejecución de las actividades.

Es lo que sucede con los científicos, los artistas, los estudiantes, buscadores de ideales y realizadores de sueños, que a veces se entregan a esfuerzos sobrehumanos sin que la fatiga extrema se apodere de sus energías. Al experimentar el cansancio, el reposo espontáneo proporciona la renovación de las fuerzas, dando lugar a la prosecución de las actividades abrazadas.

En el caso de la neurastenia, la terapia psicológica sustituye perfectamente a la terapia de naturaleza psiquiátrica, por lo que es preciso evitar las recomendaciones para el uso de drogas químicas, excepto cuando el cuadro se caracterice por trastornos más graves, en tránsito hacia la alienación esquizofrénica.

La conversación con el psicoterapeuta, que deberá infundir confianza, a través de la investigación de las causas de los conflictos -culpa, insatisfacción, frustración, exhibicionismo-, facilitará la aceptación de la propia realidad e impulsará a la renovación de los conceptos existenciales favorecedores del bienestar.

Dado que a menudo pueden presentarse recidivas, el psicoterapeuta deberá transmitir coraje al paciente -de manera constante pero sin exageraciones, tales como transformar el disturbio en una cuestión de poca importancia-, así como ideales de ennoblecimiento personal, de manera que comience a experimentar alegría sin la agitación a la que se entregaba, y en la cual parecía satisfecho...

En ese proceso de recuperación, se tornan valiosos los recursos espíritas de la bioenergía, considerada en todos sus aspectos, de manera que se produzca la renovación interior y se fortalezcan las disposiciones íntimas para la salud.

El paciente neurasténico espera, siempre, encontrar la comprensión de todos: familiares, amigos, compañeros de trabajo, sociedad… lo que no siempre es posible, teniendo en cuenta las dificultades que padecen las demás personas. No obstante, siempre es viable la cooperación fraternal de aquellos que están cerca del enfermo, y que trabajan con él en favor de su recuperación.

En el actual contexto social, casi todas las personas se topan con dificultades y enfrentan desafíos para los cuales no se encuentran psicológicamente preparadas, sufriendo sus efectos dañinos, con problemas para superarlos.

Las propuestas de la doctrina espírita, a modo de psicoterapia de grupo, satisfacen perfectamente las necesidades humanas -individuales y colectivas-, iluminan las conciencias, amparan los sentimientos y orientan a la razón hacia los rumbos liberadores de la paz y de la autorrealización.

Con esa visión diferente acerca del mundo transitorio, más la certeza de la inmortalidad del Espíritu, los horizontes a conquistar se amplían y una incomparable alegría invade al individuo, que atraviesa el estrecho pasaje por donde deambula, gozando por anticipado del esplendoroso paisaje del futuro.

De ese modo, el paciente neurasténico adquiere autoconfianza, y el reposo se torna reparador para él, gratificante, permitiendo que los fenómenos perturbadores cedan lugar al equilibrio y que se instale en él la salud emocional.

12

DROGADICCIÓN

• FACTORES CAUSALES DE LA DROGADICCIÓN
• DEPENDENCIA QUÍMICA
• TERAPIA DE EMERGENCIA

FACTORES CAUSALES DE LA DROGADICCIÓN

La drogadicción constituye, en la actualidad, uno de los más graves problemas de salud mental y orgánica, debido a las sustancias tóxicas que ejercen un predominio perturbador sobre el sistema nervioso.

En este capítulo, incluimos el alcoholismo y todas sus lamentables consecuencias personales, familiares y sociales, que arrastran a millones de víctimas a los abismos de la locura, del crimen y del suicidio perverso.

Los primeros perjuicios orgánicos resultan de la perturbación producida en la zona cortical del sistema nervioso, encargada del control, debido a la inhibición que genera en los centros nerviosos inferiores, para afectar a continuación las fibras del haz frontal del tálamo, lo que disminuye las inhibiciones y produce manifestaciones, por exhibición, de emociones que antes eran reprimidas, pero que se presentan excitadas y dominantes.

Con posterioridad, llega al cerebelo y provoca el descontrol de los movimientos, para seguidamente generar la parálisis del nervio vago -responsable del equilibrio existente entre el ritmo cardíaco y el respiratorio-, hasta que se convierte, por lo general, en el responsable de la muerte del adicto.

En la psicogénesis de la drogadicción se encuentra el Espíritu aturdido, inseguro, a veces rebelde, que porta desde el pasado una abundante carga de frustraciones y de rebeldía.

En la fase previa a la intoxicación, se puede identificar al dependiente como una personalidad psicopática, que evoluciona hacia el proceso esquizofrénico.

También se ha constatado, en los oligofrénicos, e incluso en los deficientes metales, cierta predisposición al empleo de sustancias tóxicas, debido a una necesidad de afirmación de la personalidad, a causa del rechazo que experimentan o de algunos prejuicios por los cuales se los considera incapaces de realizaciones de mayor importancia. De esa forma, una vez que quedó anulado el sentido de equilibrio, esos individuos encuentran en las drogas un estimulante para acceder a niveles superiores de comunicación y de realización, aunque de manera arbitraria.

Por consiguiente, existen diferentes niveles de personas que pueden caer en las redes de la drogadicción:

a) las que se presentan atemorizadas, aprensivas en relación con la vida -la cual siempre les parece injusta y perversa-, carentes de tolerancia en relación con sus propias frustraciones;

b) las que pueden ser consideradas dependientes, es decir, aquellas para las cuales la existencia debe ser siempre agradable y compensadora, por lo cual buscan en las drogas químicas, sean cuales fueren, una fuga de la realidad que, debido a su circunstancia aflictiva, debe ser negada o sofocada a cualquier precio...

El primer grupo encuentra en el uso de drogas la seguridad que le falta en el estado de lucidez, aunque reconozca que su efecto es de poca duración, por lo que mantiene la expectativa de renovarla mediante nuevas dosis, hasta que cae en la desesperación, que no tarda en llegar. El segundo, víctima de la ansiedad, se refugia en los tóxicos para evitar las situaciones desafiantes, a las cuales se considera incapaz de enfrentar.

Dado que el estupefaciente alivia las tensiones inhibitorias, y facilita la irrupción de conductas rechazadas por el *yo*, sean estas edificantes o delictivas, el paciente recurre a su uso a modo de refugio, lo que siempre se transforma en una terrible cárcel de incesante agonía.

Sin duda, los conflictos del hogar contribuyen significativamente a la fuga en dirección a las drogas. La ausencia de diálogo entre padres e hijos, las agresiones, las conversaciones enfermizas y la falta de cariño, en lo atinente a la educación doméstica, expulsan al adolescente -muchas veces, incluso, al niño- de la convivencia familiar, y lo entregan a los traficantes despiadados, que los adoptan, los despojan de su dinero y anulan sus esperanzas relativas a una vida saludable.

Los conflictos íntimos que aturden al joven o al adulto, que se siente inseguro para llevar a cabo ciertas iniciativas, son la causa de la búsqueda de determinadas drogas estimulantes, las cuales le brindan seguridad en la primera etapa de la intoxicación, debido al estímulo cortical, que proporciona una cierta vitalidad intelectual, responsable de la euforia y la audacia en los gestos. Es común observar esa conducta en ciertos individuos que ejercen profesiones liberales, los cuales son a menudo convocados a realizar tareas desafiantes, que temen no poder llevarlas a cabo con seguridad, de modo que lo hacen bajo los efectos del alcohol y de diversas drogas, tales como la morfina, la cocaína, el *crack* o alguna otra…

No pocos adictos renitentes son víctimas del mismo hábito que alimentaron en una existencia anterior, en la cual se sumergieron en un profundo abismo y retornaron con las huellas de la dependencia que los consume, avanzando hacia expiaciones muy graves en el futuro.

Desde otro aspecto, los vínculos con personalidades psicópatas desencarnadas o con enemigos personales de anteriores experiencias en el envoltorio de la carne, son responsables de su inducción a la dependencia viciosa, en la cual también se complacen mediante mecanismos de vampirización cruel, en una verdadera interdependencia espiritual.

No cabe la menor duda de que es el Espíritu enfermo el que se sumerge en el pozo asfixiante de la drogadicción, arrastrando los efectos de la conducta propia de sus reencarnaciones, así como de los compromisos alienantes de la actualidad en la que se encuentra.

DEPENDENCIA QUÍMICA

A partir de que se comienza a usar alguna sustancia química tóxica, después de la euforia engañosa y la posterior caída en la angustia, debido a la falta del estímulo artificial, muchas veces el paciente experimenta un malestar comprensible.

Las relaciones seductoras y los grupos de convivencia enfermiza se encargan de proporcionar nuevos estímulos y, al repetir la experiencia, se inicia la torpe dependencia que lo conduce a los desastres más inesperados, tanto en relación con el desgaste orgánico como con el deterioro mental y emocional, así como también a los imprevisibles desvíos hacia el crimen: hurto, robo, agresión, homicidio, suicidio…

Como reconoce que su comportamiento es reprochable, el adicto a los tóxicos se vuelve desconfiado, hipócrita, agresivo, mentiroso, y avanza rumbo a interpretaciones delirantes que, a veces, se convierten en trastornos paranoides.

Invariablemente, el adicto niega el uso de drogas con tanto énfasis que engaña, incluso, a aquellos que conocen su problemática.

Al comienzo, una pequeña dosis es suficiente para generar estímulos agradables en algunos pacientes, mientras que otros son empujados hacia las profundidades del inconsciente, y son víctimas de terribles alucinaciones, que los hacen desvariar.

La falta de un contacto continuo de los padres con los hijos lleva a que aquellos no perciban las primeras alteraciones de conducta cuando se produce la iniciación, lo que permite que estos se entreguen al vicio con asiduidad, creando una dependencia grave que, cuando es descubierta, ya requiere una terapia cuidadosa y prolongada.

En ese caso, se incluye el alcoholismo, dado que el uso de la sustancia etílica forma parte del juego social, de las relaciones que se caracterizan por su futilidad y por la falta de profundidad, que permanecen en la superficie de las apariencias, que promueven las libaciones continuas de cervezas, vinos y otros sofisticados productos, como una forma de esconder la falta de interés de algunas personas en relación con otras.

Peligroso, por la facilidad con que se accede a las bebidas alcohólicas, ese vicio se convirtió en un grave problema social y de salud, debido a su difusión en los ámbitos sociales -tanto distinguidos como degradados-, y que poco a poco lleva al individuo a una situación nociva para el medio del cual forma parte.

Hogares arrasados por los vejámenes derivados de esa dependencia, crímenes horrendos practicados por sus usuarios, agresiones vergonzosas y lamentables se suceden unas tras otras, en una vorágine alucinante, segando muchos millones de vidas que podrían ser dignificadas mediante el trabajo y la abstinencia de esa práctica enfermiza.

En razón de las cantidades ingeridas desde muy jóvenes, los consumidores pueden presentar cuadros psicopáticos, que caracterizan las resistencias emocionales y mentales de esos individuos. Hay algunos que son capaces de ingerir grandes cantidades de sustancias alcohólicas sin presentar, de inmediato, los efectos dañinos. Otros, en cambio, aunque consuman pequeñas cantidades, rápidamente padecen los accidentes psíquicos, unos más devastadores que otros, de los cuales el enfermo no se acuerda cuando recupera la lucidez…

Los dipsómanos, entre tanto, son conducidos de forma irresistible al uso de esas sustancias debido a su ansiedad, aunque sean conscientes de la enfermedad que los consume…

Además de las herencias genéticas, los traumatismos craneanos y las encefalopatías sutiles padecidas en la infancia, también son causantes de la tendencia al alcoholismo.

Asimismo, podemos incluir en la psicogénesis del alcoholismo a las obsesiones, como generadoras de ese vicio, tal como ocurre con otras formas de drogadicción, de acuerdo con lo que ya hemos expresado.

Los efectos son terribles en la glándula hepática, en los riñones, en todo el aparato digestivo, con graves compromisos emocionales y mentales.

En las diversas dependencias de drogas químicas, después de un prolongado período de consumo, se pueden registrar alteraciones en el centro de la palabra, con dificultad para pronunciar sílabas, incapacidad para expresarse según los símbolos correspondientes al lenguaje con que se comunica el paciente.

La represión policial y la falta de educación moral, la ausencia de esclarecimientos adecuados en torno a los daños producidos por las drogas químicas tóxicas, las dificultades socioeconómicas, los conflictos íntimos, los estímulos proporcionados por las bellas y bien elaboradas propagandas que presentan los medios de comunicación, son los responsables del agravamiento de la epidemia de adicciones que asola a la sociedad contemporánea.

El uso abusivo de las drogas, debido a la dificultad o la indiferencia de las demás personas para atacarlo a través del esclarecimiento, se va convirtiendo en algo tan natural y hasta elegante, en los denominados círculos de elevado poder económico, que amenaza el equilibrio de las personas en forma individual, y de la sociedad en general.

Al principio, la toxicomanía produce un impacto perturbador, pero a medida que se agrava, la falsa comprensión y la tolerancia general fingen que es una forma de conducta propia de la época, como una válvula de escape para la ansiedad, el estrés, las presiones vigentes, que lamentablemente conduce a la locura, a la destrucción y a la muerte...

TERAPIA DE EMERGENCIA

Este desafiante problema debe enfrentarse con coraje y seriedad, es decir, con método y conocimiento de sus causas y de sus efectos destructivos.

Cuanto más se oculta el drama de la drogadicción y se finge que no es tan grave como en realidad se presenta, se convertirá en un problema de más difícil solución y, por lo tanto, aún más perverso.

Sin duda, la educación desde la infancia es el recurso terapéutico preventivo más valioso, porque es más seguro evitar la dependencia que salir de su cerco de justificaciones.

El diálogo franco y espontáneo con los niños y los jóvenes debe formar parte de las conversaciones familiares, de las disciplinas transversales en las escuelas, antes de que los traficantes se instalen en la entrada de esas instituciones, o de que algunos adictos que se encuentran dentro de ellas den comienzo a la iniciación de esas víctimas indefensas, ingenuas e inseguras.

Una vez que se ha instalado la dependencia, teniendo en cuenta su gravedad, la internación hospitalaria para realizar una desintoxicación se torna indispensable. Incluso porque la abstinencia genera estados de desesperación, a veces incontrolables, durante los cuales el enfermo comete horribles crímenes, víctima de las alucinaciones que se adueñan de sus paisajes mentales.

Cuando el paciente se encuentre internado bajo cuidados médicos especializados, la orientación psiquiátrica sabrá administrar las pequeñas dosis de mantenimiento, debidamente controladas, y las disminuirá progresivamente, mientras que la psicoterapia y el tratamiento con sustancias específicas se encargarán de devolver el equilibrio al organismo descompensado a consecuencia del uso dañino y arbitrario de las drogas.

La praxiterapia, la danzaterapia, así como otros recursos terapéuticos equivalentes, resultan necesarios para sustituir los estímulos falsos y tóxicos que las drogas produjeron en el organismo, provocando daños en sus delicados tejidos.

Como un factor primordial, el interés del paciente en su propia recuperación es indispensable, porque solamente con su voluntad correctamente orientada podrá superar los momentos difíciles que surjan, confiando en los futuros resultados.

Las lecturas edificantes, los ejercicios físicos adecuadamente programados -que no generen agotamiento ni ansiedad-, producen resultados excelentes y contribuyen a la recuperación de la salud.

Jesús, el Psicoterapeuta por excelencia, afirmó: *"Todo es posible para el que cree"* (Marcos, 9:23).

Cuando el paciente se decide a liberarse de la problemática que lo aflige y confía en su recuperación, da un paso importante en dirección a la cura, y restará el trabajo desafiante, necesario para el éxito del proceso.

Por eso, muchas veces las fuerzas morales parecen flaquear, debido a los trastornos físicos y emocionales, y se hace necesario que el paciente busque refugio en la oración, a través de la cual experimentará la renovación de las energías y obtendrá el valor indispensable para continuar con su proceso de restablecimiento. Por otra parte, los Espíritus amigos se acercarán a él y lo auxiliarán, con la inspiración superior y las energías renovadoras que necesita, a fin de que salga del pozo al que se arrojó.

13

TABAQUISMO

• CAUSAS DEL TABAQUISMO
• INSTALACIÓN Y DAÑOS DE LA
DEPENDENCIA VICIOSA
• TERAPIA PARA EL TABAQUISMO

CAUSAS DEL TABAQUISMO

El cultivo de los hábitos saludables, en su condición de virtudes morales, ofrece el bienestar que genera armonía personal y social. Esos hábitos contribuyen decisivamente para el equilibrio orgánico, emocional y psíquico, permitiendo una existencia realmente placentera. Además, hacen posible la felicidad y se graban en lo íntimo del ser, ayudándolo a conquistar el proceso de autorrealización.

Entre los más significativos y edificantes, se destaca con toda su importancia la superación del egoísmo a través de la práctica del bien, con absoluto desinterés, lo cual define al biotipo espiritual triunfador.

Por su parte, los hábitos viciosos atormentan, desenvuelven o amplían los conflictos que entorpecen al individuo, lo enferman y desarticulan sus resistencias morales.

Por cierto, existen aquellos que se adaptan con facilidad a las buenas costumbres y las experimentan con relativa facilidad, debido a que las ejercitaron en existencias anteriores, mientras que otros, sometidos a la dependencia del vicio, todavía se están iniciando en la experiencia de la lucha para inmunizarse de su contagio.

Los hábitos, cualquiera sea su procedencia, son el resultado del mecanismo de mantenimiento del ejercicio, mediante la afinidad con este o aquel, sea dispensador de beneficios o de aflicciones.

Cuanto más se repitan las tentativas y las acciones, más se grabarán en el comportamiento, hasta convertirse en aquello que se denomina segunda naturaleza.

Los vicios, pues, son el resultado de la adaptación mental y moral a situaciones penosas y equivocadas, que exigen esfuerzo para orientarlos según un rumbo saludable, ya que la falsa sensación de placer se transforma en desasosiego o aflicción, tan pronto como ha sido experimentada.

Entre los denominados vicios sociales se destaca el tabaquismo, que genera consecuencias dañinas para el organismo físico del adicto a la nicotina y a los demás conservantes del tabaco, así como también generan trastornos emocionales.

De dos clases son las causas del tabaquismo: la primera de ellas es de naturaleza subjetiva, porque se halla instalada a nivel de las emociones del individuo, y se presenta con una variada gama de manifestaciones, tales como la timidez y el miedo, el complejo de inferioridad y la inseguridad, la baja estima personal y la ansiedad, que son el resultado de procesos anteriores de la evolución, o el reflejo de los contenidos psíquicos inconscientes arcaicos e infantiles del fumador.

En esa situación, es fácil recurrir a ese bastón psicológico de sustentación, como lo es el tabaco para mascar o fumar, más genéricamente en forma de cigarro o en pipa, donde se quema para tragar el humo.

Desde el punto de vista psicoanalítico, según Freud, durante el período oral de desarrollo del niño, cada vez que se le presenta alguna necesidad y llora, recibe de inmediato el chupete, es amamantado, se coloca el dedo en la boca o come golosinas, de modo que ese fenómeno se repite en la edad juvenil o adulta, cuando se busca el tabaco en su forma social y elegante, para recuperar la tranquilidad y superar, en apariencia, la ansiedad.

Esa fase oral del desarrollo infantil se graba en el inconsciente, en sus aspectos positivos y negativos, y representa la gratificación que los padres y los familiares le dispensan al bebe, con el propósito de hacerlo feliz.

De ese modo, en la juventud, el cigarrillo se transforma especialmente en el consuelo ante la incertidumbre y los desafíos, así como en el apoyo psicológico para enfrentar los temores relativos a la angustia y, especialmente, a la soledad. En ese período de incertidumbre de la existencia, el joven experimenta gran ansiedad y padece una grave inseguridad, y supone que en el cigarrillo encontrará los valores que le faltan en ese momento, cayendo así en el vicio.

Es indispensable, de ese modo, comprender la fase oral, a fin de que se prevenga la fuga hacia el tabaquismo.

La segunda causa del tabaquismo es de naturaleza objetiva, social, externa, derivada de la convivencia con otros adictos a la nicotina, que fingen haber alcanzado la independencia (de los padres, de los familiares, de los maestros), afirmando la personalidad e introduciéndose en la sociedad de los adultos, igualmente viciosos…

Como teme ser discriminado por el grupo del cual forma parte, porque no se comporta de manera idéntica al resto (relaciones-espejo, en las cuales los individuos se reflejan en la conducta del otro), el joven -e incluso el adulto- accede a fumar por primera vez, iniciándose -no siempre de manera muy agradable-, con lo cual de inmediato parece capaz de afirmarse ante los demás, ya que no tiene una convicción de sus propias posibilidades, y se convierte en dependiente del vicio.

Las presiones sociales y emocionales, los incontables embates del crecimiento como ser inteligente, cuando producen ansiedad y generan inquietud, empujan al incauto hacia el recurso del bastón psicológico de apoyo, con la finalidad engañosa de tranquilizar e inspirar soluciones.

También se sugieren otros tipos de causas, como la voluntaria, por el exceso en el fumar o en mascar tabaco; y la profesional, que incluye a los trabajadores de esa industria perversa.

Adictos a las sustancias absorbidas por el uso del tabaco, algunos de esos tipos psicológicos frágiles suponen que la ingesta de alcohol, aun en dosis mínimas, propicia la inspiración, tal como ocurre en el período de la siesta, en favor de la creatividad, y buscan ese estímulo mórbido.

La creatividad, la inspiración, el éxtasis legítimo, surgen de la perfecta lucidez, en un período de bienestar y de integración con el Cosmos, después de esforzarse en la búsqueda del autoencuentro, que brinda al subconsciente o al preconsciente el auxilio necesario y eficaz.

Mediante ese comportamiento se alcanza con relativa facilidad el *estado alterado de conciencia*, en vez de sumergirse en *estados de conciencia alterada* por la ingestión de sustancias alucinógenas, que causan daños imprevisibles al cerebro y a las respectivas áreas emocional y psíquica del usuario.

De esta manera, el éxtasis debe ser alcanzado mediante la perfecta sintonía con los niveles sutiles de la vida, sin la intoxicación causada por alguna sustancia vegetal o química.

Cuando se trasciende de modo transitorio la dicotomía sujeto-objeto, se produce el éxtasis, sin ninguna connotación neurótica o peyorativa, e incluso sin una regresión al servicio del *ego*.

Será siempre en ese estado de perfecta afinidad que sucede, facilitando el abandono del *ego* y sus imposiciones, rumbo a la armonía con el *Self* en otra dimensión espacio-tiempo.

Los vicios, sea cual fuere la naturaleza con que se presenten, se convierten en cadenas esclavizadoras, de consecuencias lamentables para quienes los cultivan.

Por consiguiente, es preferible evitar su instalación en vez de la posterior lucha para superarlos.

INSTALACIÓN Y DAÑOS DE LA DEPENDENCIA VICIOSA

Iniciada la experiencia perjudicial, siempre que haya algún tipo de conflicto, de ansiedad, de inseguridad, el paciente acude al recurso del tabaco con la vana ilusión de alcanzar como resultado el bienestar, la serenidad.

A medida que el organismo se intoxica, aumenta el índice de la necesidad, convirtiéndose en una adicción coercitiva y perturbadora. Simultáneamente, aparecen las señales que tipifican los daños ocasionados al organismo, que pueden aparecer solos o asociados unos con otros.

El tabaquismo es, por lo tanto, responsable de diversas enfermedades, especialmente las del sistema nervioso central, así como de los aparatos cardiovascular, respiratorio, digestivo y de las glándulas endocrinas, con perturbaciones en el habla, accidentes de estenocardia y de los vasos periféricos. En su fase aguda, surgen náuseas, vómitos, desmayos, dolores de cabeza, debilidad en las piernas, secreción excesiva de saliva…

En los casos de insuficiencia coronaria y bronquitis crónica, en las dispepsias gástricas y biliares, y en la diabetes, el tabaquismo empeora esos cuadros y conduce a desenlaces dolorosos e inevitables.

El fumador supone que obtuvo beneficios con ese hábito dañino, como por ejemplo formar parte del círculo de los adictos, que le permitió sentirse aceptado e idéntico a ellos, especialmente en la etapa de las conquistas amorosas, cuando el otro -sea masculino o femenino- comparte el vicio.

La amplia divulgación a través de los medios de comunicación, acerca de que el fumador es un individuo que triunfa, un conquistador envidiable, capaz de realizar hazañas poderosas, contribuye a que las personalidades conflictivas busquen el tabaco, a fin de alcanzar un logro semejante. Lamentablemente, la publicidad no muestra a sus modelos cuando están siendo devorados por el cáncer, que resulta del hábito inveterado de absorber nicotina en dosis elevadas…

La ilusión generada por el tabaquismo es paradójica: inicialmente parece que calma, que proporciona vitalidad. Sin embargo, cuanto más se deja arrastrar por el uso enfermizo, la víctima se vuelve más neurótica, más insegura y más inestable.

El individuo fármaco-dependiente alcanza un nivel de trastorno tan importante, que se siente incapaz de enfrentar todo tipo de actividad sin el apoyo del cigarrillo, muchas veces incluso antes de desayunar, a fin de dar comienzo al día.

Cuando intenta evitar su uso, y casualmente el deseo de la acción no se corresponde con lo esperado, de inmediato supone que la falta del cigarrillo es la causa del fracaso, y recurre a su apoyo, con lo cual recupera el ánimo y cae, así, en un círculo vicioso.

Incluso cuando el adicto reconoce los daños que el vicio ha estado ocasionando a su organismo, teme abandonarlo -aunque lo desee sin demasiada intensidad-, de modo que sigue siendo víctima de sus garras.

El eminente psiquiatra Sigmund Freud, ya citado, denomina a este fenómeno *pulsión de muerte*, es decir, la manera mórbida mediante la cual la persona se deja arrastrar por las conductas enfermizas y destructivas.

Un fenómeno especial se produce en esa como en cualquier otra dependencia viciosa: se trata de la presencia de Espíritus igualmente enfermizos, que se valen del paciente para la convivencia obsesiva, dando continuidad a los hábitos lamentables en los que se complacían, y de los que ahora sienten la falta, dado que carecen de la organización física.

De esa manera, se establecen lazos mórbidos, que dan lugar a procesos de vampirización cada vez más complejos, cuando se valen de los vapores etílicos, de las emanaciones del tabaco, de las drogas, para continuar satisfaciéndose.

Esa intromisión agrava aún más el estado físico del paciente, porque, aun cuando se valga de ese bastón psicológico, continúa frustrado, debido al desvío de aquellas sustancias que parecían auxiliarlo cuando se sentía atormentado.

A medida que la parasitosis espiritual se profundiza en el comportamiento del encarnado, este se siente más debilitado aún, aturdido y desdichado, vacío de ideas de significado superior.

Cada vez que piensa en abandonar el vicio, su mente es invadida por temores y amenazas no verbalizadas, que lo afligen aún más y lo arrojan al vacío existencial.

El existencialista francés Jean Paul Sartre sugirió que se despojase al tabaco de toda significación especial, para reducir la cuestión a una hierba que arde y se consume, de modo que no merezca, por eso mismo, ninguna otra connotación.

Sin embargo, sucede lo contrario, porque el vicioso lo considera con una enorme expectativa, a tal punto que lo transforma en su tabla de salvación, guardando el último cigarrillo con una verdadera voluptuosidad -cuando escasean en sus manos-, a fin de que en el momento de angustia, que ya se presenta inconscientemente, disponga del mecanismo de apoyo y de liberación de ese malestar.

Lo lamentable, en todo ese proceso, es que más allá de los males que el tabaquismo ocasiona en la víctima, afecta asimismo a las personas que lo rodean, porque las obliga a aspirar el humo perjudicial que desparrama, intoxicándolas también. Muchas veces, aquellos que se exponen a las emanaciones del cigarrillo quedan impregnados de tal forma que se enferman, y presentan los síntomas típicos de los usuarios de ese producto nocivo.

La cultura del cigarrillo, del habano y de la pipa, en nuestra sociedad -que se dice civilizada-, forma parte de los grandes mecanismos inconscientes de fuga de la realidad hacia la fantasía, hacia el exhibicionismo y las autorrealizaciones equivocadas.

Al darse cuenta de los perjuicios que va experimentando una gran cantidad de fumadores, muchos de ellos buscan fórmulas mágicas para liberarse del vicio, y optan por recursos ocasionales que aparecen con cierta periodicidad, sin que por ello deseen pagar el alto precio de la abstinencia del tabaco.

De ese modo, dejan de fumar durante algún tiempo, y a medida que van siendo víctimas del síndrome de abstinencia, se muestran irritables, depresivos, impacientes, padecen insomnio, confusión mental, insatisfacción, razón por la cual retornan gustosos al hábito adictivo y extravagante.

Se dice que un famoso escritor irlandés, crítico literario, afirmó con cierta dosis de ironía: *Dejar de fumar es fácil. Yo ya lo dejé muchas veces…*

Todo hábito, para que el individuo quede liberado de él, debe ser sustituido por otro, a fin de que no surja el vacío, la ausencia de algo que parece importante debido a que se está acostumbrado a su presencia.

TERAPIA PARA EL TABAQUISMO

De la misma forma como se instaló el vicio, la liberación -en relación con él- se consigue mediante un proceso semejante y de curso prolongado.

Los daños causados son casi siempre irreversibles aunque, algunos de ellos, si aún estuvieran en su comienzo, pueden ser atenuados mediante la ausencia de nicotina.

La denominada compensación del fumador -mostrar el paquete de cigarrillos, tomarlo de la cigarrera de lujo, con una actitud exhibicionista- crea dificultades cuando este decide abandonar el hábito. Naturalmente, la falta del placer engañoso que se ha arraigado en su comportamiento, le ocasiona algunas perturbaciones, que se prolongarán mientras dure la intoxicación.

Una posición psicológica debe ser tomada en cuenta, en principio: la manera como habrá de liberarse, a fin de que se convierta en un ex-fumador y no en alguien que dejó de fumar -lo que implica una especie de pérdida-, deseando realmente alcanzar el éxito, porque ya sabe que debe dejar de fumar, para que realmente desee hacerlo.

De ese modo, es necesario un cambio de comportamiento, según el cual el paciente debe poseer una clara percepción de su ansiedad, aprendiendo a superarla, venciéndola sin el uso del tabaco. Ese cambio implica varias etapas, en las cuales el paciente, en el transcurso de su proceso de cura, se va adaptando a cada una de ellas, evitando crear otros hábitos, tales como el uso de caramelos y pastillas, como placebos sustitutos…

El deseo auténtico debe ser mantenido mediante el pensamiento radicado en la lógica y en el anhelo de una existencia saludable, en la cual los valores personales estén dispuestos para superar las dificultades de la etapa en que se encuentra.

La aplicación de tiempo y energía en el sentido de obtener ese cambio, que deberá ser duradero, no puede permitir las recidivas experimentales, según las cuales alcanzará con volver a fumar una sola vez para calmarse, pues de ese modo reiniciará el vicio.

Solo entonces comienzan a surgir las ventajas, los buenos resultados de la decisión, cuando la mente se presenta con más claridad, y cuando el organismo, incluso en la etapa de eliminación de los tóxicos, tiene mejores y más rápidas respuestas, el sueño es más tranquilo y el bienestar se instala poco a poco.

El estímulo para ser un ex-fumador contribuye a los fines de obtener beneficios emocionales, en vez de pérdidas, alcanzando un nuevo nivel de vida, el estímulo de una victoria sobre sí mismo, la alegría de haber logrado lo que muchos otros aún no se decidieron a conseguir, obteniendo ventajas psicológicas compensadoras.

Simultáneamente, la ayuda psicoterapéutica de un especialista, que acompañe el procedimiento que restablecerá la salud y la paz, se convierte en un factor esencial para el éxito que se desea alcanzar…

Como corolario de esa decisión, el paciente debe buscar las *Fuentes Generosas de la Espiritualidad*, por intermedio de la oración y de la concentración, a fin de que reciba los efluvios de energía renovadora, para mantener estables los propósitos abrazados.

Atento al hecho de que es un paciente en continuo tratamiento, debe evitar todas las posibilidades de ceder al vicio, rechazando los desafíos subliminales que experimentan todos aquellos que se encuentran en esa fase de transformación.

14

ALCOHOLISMO

• ALCOHOLISMO Y OBSESIÓN
• PERJUICIOS FÍSICOS, MORALES Y MENTALES
DEL ALCOHOLISMO
• TERAPIA PARA EL ALCOHOLISMO

ALCOHOLISMO Y OBSESIÓN

El alcoholismo es un grave problema que requiere tratamiento médico, psicológico y psiquiátrico, el cual merece asistencia urgente, dado que también se presenta como un terrible perjuicio social, debido al deterioro orgánico, emocional y mental que produce en el individuo y en el grupo social al que este pertenece.

El alcoholismo afecta a niños desorientados, a jóvenes de conducta desordenada, a adultos y ancianos inestables, y genera en todos ellos elevados índices de intoxicación aguda y subaguda, como consecuencia de la facilidad con que se puede conseguir la sustancia alcohólica, que forma parte del *status* de la sociedad contemporánea, como en cierto modo ocurrió en el pasado.

Hay dos tipos de bebedores: los de ocasión, que se permiten la ingestión etílica en circunstancias especiales, y los habituales, quienes ya se encuentran en un estado de dependencia alcohólica.

Naturalmente, es más peligrosa la afección crónica, con una buena dosis de compromiso del organismo, que se desequilibra con delirios que surgen cuando se produce una breve abstinencia, o incluso por un mínimo de exceso, a causa de la progresiva degeneración de los centros nerviosos.

Invariablemente, la ansiedad desempeña un rol preponderante en el uso del alcohol, debido a la ilusión acerca de que su ingesta calma, produce alegría, lo que no se corresponde con la verdad. En muchas personalidades psicópatas, el alcohol genera repentinas alucinaciones o depresión, que en la primera hipótesis las inducen a la práctica de acciones criminales, motivadas por alucinaciones, que desaparecen de su memoria cuando recupera la conciencia.

Otras veces, la necesidad irresistible de ingerir alcohol, que produce el placer mórbido de la copa llena, caracteriza al dipsómano ansioso y consciente de su enfermedad. Ese tipo de enfermo puede mantener una relativa abstinencia, con períodos de abundante ingestión alcohólica, en un verdadero círculo vicioso del que no consigue liberarse, de modo que pueda definir el camino hacia el abandono del vicio.

Al lado de este, existe el dipsómano que se presenta con pequeñas y constantes intoxicaciones, que puede pasar meses sin beber ninguna sustancia alcohólica, cuando se encuentra en su fase de normalidad, pero que celebra, alegremente, el retorno a ella, durante algunas semanas de degradación, en la cual se presenta la manifestación maníaco-depresiva, con la aparición de episodios delirantes.

No se puede negar que existe una herencia ancestral para el alcohólico. Si es descendiente de un vicioso, presentará la tendencia a continuar el hábito enfermizo. También hay otros factores orgánicos, tales como las lesiones nerviosas, las encefalopatías, los traumatismos craneanos. Desde el punto de vista psicológico, entre las causas se pueden identificar conflictos de diversa naturaleza, especialmente sexuales, que impulsan hacia el vicio destructor. La timidez, la inestabilidad de sentimientos, los celos, el complejo de inferioridad, los trastornos masoquistas, inducen a la ingestión de sustancias alcohólicas, a modo de fuga de las situaciones embarazosas. Algunas veces, para estimular el valor; y otras, con la finalidad de borrar recuerdos o situaciones desagradables.

Sin embargo, cualquiera sea el aspecto desde el cual se las considere, esas situaciones se presentan con altas dosis de mal humor y de agresividad, derivadas de los tormentos íntimos del paciente, que no fueron aliviados.

El dependiente alcohólico es portador de importantes compromisos espirituales provenientes del pasado, a semejanza de otros enfermos. En este caso específico, hay un historial, una experiencia pasada, en la que se entregó a las disipaciones, especialmente de naturaleza etílica, a raíz de la cual asumió graves compromisos perturbadores con otros Espíritus, quienes padecieron sus imposiciones penosas y no lo perdonaron. Al reencontrarse con él, estimulan su antigua debilidad moral, a fin de sumirlo en la alucinación, a la vez que también participan de sus libaciones, dando continuidad al vicio que la ausencia del cuerpo ya no les permite.

A semejanza de lo que ocurre con el fumador y el drogadicto, se instala una complementación enfermiza por parte del desencarnado, que se convierte en huésped del sistema nervioso del encarnado, a través del periespíritu, con lo cual llega a conducir al paciente al *delirium tremens*, como resultado de la insuficiencia suprarrenal, cuando el organismo exhausto cae en situaciones de hipoglucemia e hiponatremia.

Otras veces, dan lugar a la venganza, debido al sentimiento ambiguo de amor y odio, en el cual se complacen con las inhalaciones de los vapores etílicos que el organismo del enfermo les proporciona, además del resentimiento que conservan, junto con el deseo de venganza.

De esa manera, también ellos se entorpecen, se embriagan mediante la absorción de la sustancia dañina que el periespíritu asimila, y enloquecen, lo que se suma al estado lamentable en que se encuentran. En esa situación, se apoderan de la escasa lucidez del anfitrión psíquico y emocional, de modo que amplían su cuadro alucinatorio y lo inducen a la práctica de actos despreciables e incluso de crímenes horrendos.

El problema es tan grave y delicado, que ni siquiera la desencarnación del obseso logra interrumpir ese proceso, que a menudo continúa con otro aspecto en el Mundo espiritual.

El vicio, cualquier sea su naturaleza, es una pendiente que conduce a la desdicha.

PERJUICIOS FÍSICOS, MORALES Y MENTALES DEL ALCOHOLISMO

Si se toma en cuenta la falta de estructura de los valores éticos en la sociedad actual, determinados comportamientos, que deberían ser considerados exóticos, cuando no perturbadores y censurables, llegan a ser respetables y se convierten en modelos a seguir por parte de las personalidades débiles.

El alcoholismo es uno de esos fenómenos del comportamiento que, desde tiempos lejanos, atormenta al ser humano.

El niño y el joven adaptados a la situación predominante, por imitación o estimulación de cualquier otra naturaleza, se aficionan a las bebidas alcohólicas, intentando asemejarse a los otros, estar incluidos en el contexto general, demostrar que han conquistado su identidad y su libertad personal…

Los daños que resultan de ese hábito lamentable no se pueden calcular, tanto en relación con el individuo como con la sociedad, así como los perjuicios de distinto orden, inclusive económicos, para las organizaciones gubernamentales de la salud.

La intoxicación se presenta con dos aspectos: aguda o embriaguez, y crónica. No existe una línea demarcatoria entre ambas, y pueden estar combinadas, lo que ocurre la mayoría de las veces. La embriaguez tiene una duración breve en su aspecto clínico. No obstante, puede evolucionar, y entonces pasa por tres fases: excitación, depresión y coma.

En la primera fase surge la euforia, como un mecanismo de liberación de conflictos emocionales reprimidos durante la abstinencia. Es de breve duración: entre una hora y media y dos horas. Es muy conocida como vino alegre.

La depresión, también llamada vino triste, se produce a continuación o puede surgir de manera inesperada, de repente. El paciente se deja estar, se entrega al abandono, se mueve torpemente, vacilante, en una especie de ataxia física y mental. Oscila entre la tristeza y la alegría, y presenta abundante sudoración, nauseas, vómitos… Inmediatamente después, sobreviene un entorpecimiento, una especie de sueño con estertores, que se presenta en forma de coma de la embriaguez. En esa fase puede producirse la desencarnación, como consecuencia de un colapso cardíaco.

También surgen manifestaciones diferenciadas en forma sensorial, afectiva y motora, que se pueden fusionar en una situación lamentable.

Los sentidos físicos quedan alterados, los estados oníricos se vuelven tormentosos, las alucinaciones son frecuentes.

Cada una de esas formas de la embriaguez tiene su característica, siempre degradante para el paciente, que pierde completamente el control de la razón, de la emoción y del organismo físico, en el cual se instalan problemas de suma gravedad.

También es conocida la embriaguez simple o excitación por ebriedad, en la que el paciente puede presentarse de forma expansiva o depresiva, de acuerdo con su constitución emocional.

En esa situación, sin control sobre las inhibiciones, se pone en evidencia y, debido a la liberación, puede volverse vulgar, agresivo, ultrajando a las personas, agrediendo las costumbres, desviándose hacia diversos tipos de crímenes contra el ciudadano, el patrimonio...

Poco a poco, el paciente comienza a sufrir perturbaciones intelectuales y de la memoria, embotamiento de los sentimientos y trastornos de conducta. Además de esos desequilibrios, el rostro se pone pálido, con expresión de cansancio; la lengua se presenta con sarro; aparece la hepatomegalia, la fiebre; facilidad para contraer infecciones tales como gripe, erisipela, neumonía.

Cuando irrumpe el *delirium tremens*, el paciente se encuentra en una fase avanzada del alcoholismo, con inmensa imposibilidad de retornar a la salud, al equilibrio, debido a los disturbios profundos en los sistemas nervioso central, neurovegetativo, simpático y parasimpático, además de las disfunciones de otros órganos que se encuentran afectados por el exceso de alcohol: el hígado, los riñones, el páncreas, el estómago, el intestino, el corazón...

Otras veces, el paciente es conducido a una demencia alcohólica, como consecuencia del debilitamiento generalizado de todas las funciones psíquicas, particularmente las intelectuales, al mismo tiempo que se ve afectado a nivel afectivo y moral.

En esa fase, la muerte es casi inminente, pues las funciones orgánicas agotadas ya no pueden mantener el ritmo de trabajo equilibrado, y ceden su lugar al descontrol y la extenuación.

Puede suceder que, en muchos pacientes crónicos, antes de que se produzcan los accidentes delirantes subagudos, surjan estados de neurastenia, caracterizados por la fatiga, los dolores generalizados, por la astenia muscular, las perturbaciones digestivas, la cefalea... Por extensión, el sueño se caracteriza por la confusión mental y la inquietud, que producen malestar y aumentan el cansancio debido a la falta del reposo necesario para el mantenimiento de la máquina orgánica.

La verdad irrefutable es que el alcohólico es un paciente que presenta gran dificultad para aceptar el tratamiento, pues oculta siempre sus tormentos mediante justificaciones, a veces con acusaciones, tales como colocar la responsabilidad en aquellos que le crean situaciones difíciles, y otras veces como víctima de las circunstancias, que manifiesta poder revertir cuando lo desee, aunque nunca lo logra.

TERAPIA PARA EL ALCOHOLISMO

En vista de la gravedad del alcoholismo, se necesitan recursos psiquiátricos, psicológicos, y orientación social, a fin de auxiliar al paciente en la recuperación de la salud.

De acuerdo con la gravedad de cada caso, siempre es recomendable la orientación psiquiátrica, con la conveniente internación del enfermo, a fin de auxiliarlo en la desintoxicación, acompañada naturalmente por un cuidadoso tratamiento especializado.

En esa fase, siempre puede producirse un colapso, como consecuencia de la falta de alcohol en el organismo. A medida que se recupera la lucidez, la ayuda psicológica es de gran valor, porque facilita la identificación de las causas subyacentes, que se encuentran inhibidas como consecuencia de una infancia mal vivida, frustrada, o de reminiscencias inconscientes -clichés mentales inesperados- vinculadas a las experiencias malogradas en existencias anteriores…

La buena lectura favorece, sin duda, el despertar de la conciencia hacia la nueva situación, demostrando que la realidad no es tan agresiva como se cree, pues de cada uno depende la forma de afrontarla.

La aplicación de bioenergía es de mucha utilidad, porque fortalece el ánimo del paciente y lo ayuda a liberarse de la opresión que padece, por parte del perseguidor desencarnado.

Gracias a ese recurso, se torna más sencillo el cambio de comportamiento hacia otro nivel vibratoria, más elevado, y favorece el fortalecimiento moral y espiritual a través de la oración, mediante cuya terapia comienza a sintonizarse con otras mentes más nobles, y a percibir la presencia de los Guías espirituales, que son atraídos, y que lo auxilian en la conquista del restablecimiento de su equilibrio.

La psicología y la psiquiatría espíritas han conseguido demostrar que existe otra realidad más allá de la objetiva, de la convencional, en la cual la vida fluye y se presenta en forma de causalidad, donde todo se origina y hacia la cual todo retorna.

De esa forma, han levantado el velo que dificultaba la visión del *mundo espiritual* -existente y desconocido-, vibrante y generador de fenómenos que se presentan en la esfera física, que no eran comprendidos con anterioridad y, por eso, se consideraban milagrosos, desbordantes de fantasías y mitos, a veces fascinantes, o bien aterradores…

La confirmación de la inmortalidad del Espíritu ha permitido que se comprendan las relaciones que existen entre las dos esferas de la misma vida, lo que contribuyó a la comprensión de la finalidad del proceso de la reencarnación, dándole un sentido y un significado especiales a la existencia corporal.

De ese modo, el ser es importante en sí mismo, pues es portador de posibilidades casi infinitas en su trayectoria, lo que depende siempre de su elección personal, vinculada a la búsqueda de la plenitud.

Enfermedades, humillaciones, sufrimientos, alegrías y esperanzas, forman parte del trayecto que deberá recorrer, sin olvidar nunca que cada paso adelante es una nueva conquista que se aporta al bagaje de realizaciones ennoblecedoras. Por eso la trayectoria humana debe caracterizarse por la visión y la acción positivas, en la incesante labor de autorrealización para contribuir mejor a favor de la comunidad de la que forma parte.

Por consiguiente, la cura verdadera de todos los pacientes reside en su transformación moral para mejor, porque de esa manera pueden recuperar la salud física, emocional e incluso psíquica. En cambio, si no aceptan la responsabilidad de autoiluminarse, pronto enfrentarán nuevos problemas y situaciones desafiantes. Esa rehabilitación debe producirse, por cierto, desde el interior hacia el exterior, desde los sentimientos hacia el organismo fisiológico.

Si se toma en cuenta la presencia de la muerte y de la inmortalidad, conviene tener siempre presente que la cura obtenida, por más que conceda prolongación en el tiempo, no impedirá el inevitable fenómeno de la muerte, que habrá de suceder...

15

VACÍO EXISTENCIAL

• PSICOGÉNESIS DE LA PÉRDIDA DE SENTIDO
• AUTOCONCIENCIA
• TERAPIA LIBERADORA

PSICOGÉNESIS DE LA PÉRDIDA DE SENTIDO

A consecuencia de los conflictos que se remontan al pasado espiritual, el individuo renace marcado por la debilidad de las potencias morales, la cual es producto de la indisciplina y de la falta de sobriedad en la conducta, durante las experiencias evolutivas que no han quedado correctamente elaboradas.

Muchas veces, sujeto al cordón umbilical de la madre, no madura psicológicamente hasta el punto de liberarse, y mantiene intereses inmediatos, entre los cuales se encuentra la plenitud de las emociones a través del vínculo sexual.

En el pasado, dado que los prejuicios eran muy severos en relación con el comportamiento sexual, la culpa -atormentadora- se grababa en los pliegues de la psique, y lo conducía a uniones pasajeras, carentes de un sentido emocional profundo, sin la anuencia del amor ni del respeto mutuo, que los seres se deben unos a otros.

Cuando no alcanzaba la plenitud, pues era mayor la necesidad fisiológica que la expresión de un logro afectivo, experimentaba el vacío existencial, que se hacía acompañar por la falta de otros objetivos inherentes a la existencia.

Lentamente, en ese estado emocional, perdía su propia identidad, sumergido en apariencias que pudieran agradar a los otros, en detrimento de su propia realización.

En la actualidad, aunque el sexo constituya un paradigma esencial de la conducta, su satisfacción apresurada continúa estando privada de un significado profundo, que haga posible el equilibrio de las emociones y la seguridad afectiva. El intercambio insensato de parejas, en busca de la variedad, en vez de satisfacción genera más frustración, y demuestra que el intercambio sexual es una peculiaridad de la sociedad moderna -que se considera liberada de los tabúes del pasado- en lugar de una forma de expresar realmente los sentimientos y de elaborar la ansiedad.

En esa búsqueda desenfrenada, se transita de un estado a otro de estrés, sin que haya armonía interior en las búsquedas efectuadas. Las personas que comparten esos momentos, sean gratuitos o remunerados, son descartables, estén bien o mal ubicadas en el contexto social, pues son un objeto de uso que carece de sentido psicológico realizador.

Cuando son conocidas e importantes, portadoras del brillo que los medios de comunicación ilusorios les confieren, constituyen un desafío para el conquistador ansioso -masculino o femenino-, quien, después de la victoria, no encuentra en ellas nada especial, sumando nuevas frustraciones a las anteriores, que terminarán por inducirlo a las fugas espectaculares a través de las drogas, la depresión, el vacío existencial…

Debido a la brevedad de los momentos cotidianos, no se presentan oportunidades para que las emociones maduren, para las elecciones correctas, para las reflexiones y las evaluaciones significativas. Los individuos son devorados por la voluptuosidad de apoderarse de mucho y de retener poco. Hay una avidez por aparecer, una necesidad desesperante de estar en todas partes al mismo tiempo, cayendo en el agotamiento y levantándose con el estímulo de químicos aún más frustrantes.

Víctima de sí mismo, el individuo, que perdió el contacto con el *Self*, se agota en el *ego* exigente y poco gratificante, preocupado en ser el espejo que refleje a otras personas, sus opiniones, sus aplausos, sus desmedidas ambiciones.

Aumenta su necesidad psicológica de esconder el sentimiento y exhibir la apariencia, sobrecargando las emociones con desaires y amarguras, a los que intenta disimular en la convivencia con los demás, hasta el momento en que ya no lo logra.

Es comprensible que en un período de violencia, de guerras, de catástrofes de todo tipo, la inseguridad se instale en el individuo, agregando al sentimiento de inferioridad la desesperación generalizada, la insatisfacción, la ansiedad.

Freud señalaba, en su época, que el factor preponderante más común para ese tipo de conflicto -soledad, ansiedad, inseguridad- era la dificultad que todos experimentaban para aceptar el lado instintivo y sexual de la vida, debido a los prejuicios y tabúes con que se revestía la sociedad. Posteriormente, fueron indicadas otras razones, tales como el sentimiento de inferioridad, la incapacidad para afrontar los nuevos desafíos que se presentaban, y la culpa. Se trataba de una hostilidad inconsciente, que imperaba entre los individuos y los grupos sociales, en una terrible lucha competitiva. En la actualidad, es la falta de metas, de objetivos, la que asalta a la conciencia y da lugar a individuos psicológicamente vacíos.

La inferioridad y el concepto conflictivo en torno al sexo continúan, tanto como la culpa y la ansiedad, sumados a la ausencia de ideas que generen plenitud, y estimulen a la lucha perseverante.

La gran mayoría de aquellos que así se comportan se ha intelectualizado, aprendió a discurrir acerca de diversos temas, aunque superficialmente, pero no aprendió a cultivarse interiormente, a enfrentar sus miedos y sus culpas, a los cuales siempre posterga en el tiempo o los anestesia en el inconsciente.

Se comprende la necesidad de las conquistas externas, que se convierte en una forma de autorrealización, y la criatura se esfuerza para conseguirlas, pero constata enseguida que eso es poco menos que inútil, porque no llenan los espacios dominados por la angustia y las incertidumbres.

Se abre un abismo entre el *Self* y el *ego*, los cuales se alejan cada vez más uno del otro, abriendo espacio a la desintegración de la personalidad, a la esquizofrenia…

Ese vacío existencial, en cierto modo, también deriva del tedio, de la repetición de experiencias que no se renuevan, de la casi indiferencia hacia las demás criaturas, todo lo cual sugiere la inutilidad personal.

En la época de la robotización, el ser humano se siente relegado a un ámbito secundario, y se deja conducir por aparatos mecánicos inteligentes, que en algunos casos lo sustituyen con eficiencia, sin realizar esfuerzos ni recibir gratificación.

El exceso de tiempo libre, resultado de la maquinaria que lo ayuda en las actividades habituales, le abre el camino hacia la comunicación virtual, hacia las interminables horas de búsqueda en la *Internet*, los encuentros románticos de personalidades neuróticas y temerosas, estableciendo perspectivas más angustiantes, por tratarse de personas frustradas e inseguras, que se refugian frente a la pantalla del computador en busca de la ilusión de seres ideales, incorruptibles, maravillosos.

No obstante, una vez superada la etapa de deslumbramiento, se inicia la convivencia, y de inmediato se verifica el error. Entonces, la imaginación construye nuevas fugas de la realidad, hacia la fantasía de las denominadas historietas.

De ese modo, se avanza hacia un sentimiento perturbador, que se presenta como un vacío colectivo instalado en la sociedad.

En los intentos inútiles para llenar ese vacío, se organizan fiestas alucinantes, de grandes proporciones, que arrastran a multitudes desequilibradas y ansiosas hacia el agotamiento, por medio del placer que anestesia, para luego despertar en el mismo estado de vacío interior, ahora con los conflictos y las culpas de las locuras que se perpetraron.

Ese vacío, por lo tanto, no significa ausencia de significados internos, de valores adormecidos o ignorados, sino la incapacidad que se apodera del individuo y le sugiere la imposibilidad o la inutilidad de luchar contra la marea de las dificultades, lo que le provoca una resignación indiferente como mecanismo de autodefensa, que se transforma en un gran vacío interior.

Poco a poco, como se adapta a esa nueva situación, pierde el interés por el desear y el realizar, quedándose amorfo, aunque con la apariencia que se corresponde con los modelos sociales, debido a una mínima exigencia del *ego* soberbio y rebelde.

Una vez que ha perdido el respeto por el grupo social y sus instituciones, a continuación lo pierde hacia sí mismo, y se deja arrastrar rumbo a los profundos conflictos de la inutilidad y la depresión.

AUTOCONCIENCIA

La autoconciencia es la conquista que ha realizado el *Self* al cabo de los primeros meses de la infancia, cuando surgen las señales evidentes de que se es una persona y ya no un animal irracional, orientado solamente por el instinto.

Esa hermosa concesión de tornarse consciente, a pesar de las dificultades iniciales de identificación, y de los conflictos que surgen durante el proceso de crecimiento, es una de las más bellas adquisiciones del ser inmortal, cuando transita en el cuerpo. Se trata de una característica especial del ser humano, que puede razonar, comprender el significado de los símbolos, seleccionar -según su preferencia personal- aquello que le apetece, dejando de lado lo desagradable, que puede elaborar esquemas en torno de abstracciones, así como considerar lo ético, lo estético y lo noble, diferenciándolos de lo vulgar, lo grosero y lo indigno.

La autoconciencia amplía los horizontes emocionales y psíquicos del ser, propiciando que se libere de todo cuanto lo ata al pasado -la madre arbitraria, el padre negligente, las situaciones penosas-, siempre que exista el esfuerzo de aceptación de los nuevos desafíos existenciales.

Solamente en los sueños se presentarán los símbolos tormentosos que deben ser elaborados, a medida que la autoconciencia favorezca al *Self* con su realidad y su soberanía en relación con el *ego*, que comenzó a existir a partir del momento del razonamiento, del discernimiento entre el ser y el estar.

El animal irracional permanecerá ligado al instinto, carente de capacidad para distinguir lo bello o expresarse de manera coherente. Será interpretado por la mente consciente del ser humano, que entenderá sus reflejos condicionados, sus necesidades y automatismos, pero él mismo nunca percibirá racionalmente el significado de los símbolos ni de los acontecimientos que lo rodean.

Ese animal, sin duda, estará libre de los conflictos, de la culpa, del remordimiento, que son valores aflictivos que acompañan el despertar de la autoconciencia y su instalación. Ese es el precio, no obstante, que el ser humano paga por la conquista, produciendo la selección entre los automatismos de la fatalidad biológica del animal orientado hacia la individualidad consciente.

Es probable que muchos individuos aspiren al no-sufrimiento, que deriva de la autoconciencia, prefiriendo las noches dormidas profundamente, sin sueños catárticos, representativos de los conflictos que están siendo eliminados. En consecuencia, no tendrían idea de su propio estado, debido a la falta de autoconciencia: esa incomparable capacidad de entender y de establecer metas.

Naturalmente, esa conquista es también la que lo liberará de la ansiedad y de sus tramas, eliminando la culpa, el desprecio de sí mismo, la pérdida de sentido, el vacío existencial, aunque los propicie en determinados estados de desarrollo, dándole un significado psicológico, alegría de vivir, y una realización que conduce a la plenitud.

Muchos psicólogos y filósofos no concuerdan con el concepto de *Self*, y afirman que este interrumpiría el *continuum* de los animales, y dado que no existen pruebas científicas del momento en que surge y comienza a desarrollarse.

El *Self*, no obstante, es la singular capacidad de generar relaciones entre los individuos, de forma consciente y productiva, sin los automatismos del instinto, pudiendo optar por unos en detrimento de otros, de acuerdo con las afinidades y los conceptos, las emociones y los sentimientos. Es la conciencia de la individualidad y no una facultad apenas intelectual. Sin duda, se trata del despertar del Espíritu -enclaustrado en la argamasa celular-, que se distingue del psiquismo, más primitivo, que evoluciona en el reino animal...

Ese *Self*, cuando es coherente y saludable, se rehúsa al abandono que el individuo con trastorno de comportamiento se permite, cuando el *ego* se encuentra atormentado e inestable. Es su facultad de optar, de discernir, la que colaborará para la recuperación de sus potencias y de su realidad, avanzando hacia el nivel numinoso.

El objetivo esencial de la vida humana es propiciar al ser el desarrollo de todas sus potencialidades adormecidas -el dios interior- para que se convierta en una persona, en una individualidad pensante. Ese proceso no es automático, como ocurre con los seres del reino vegetal y animal, sino que depende de las elecciones, de la lucidez, de las aspiraciones y de los esfuerzos emprendidos, que son el resultado de las conquistas ya obtenidas en existencias pasadas.

La infancia humana es la más prolongada entre los seres conocidos, precisamente para concederle recursos de desarrollo, a fin de que el *Self* alcance su plenitud, porque cada persona es una identidad especial, con grandezas y pequeñeces que la caracterizan, con una historia muy particular, sin que existan otras iguales, incluso cuando se trata de gemelos o de quintillizos… Cada uno se encuentra en un nivel de autoconciencia que define su edad espiritual, el progreso que ha alcanzado.

En ese claustro divino -la autoconciencia-, la persona se percibe de una manera única, jamás igualada por ninguna otra del mundo exterior.

Es un deber de la autoconciencia la madurez psicológica mediante realizaciones interiores y exteriores continuadas, de modo de superar dificultades, y acumulando valores trascendentes, que impulsan hacia niveles cada vez más amplios y elevados.

Por eso, en la etapa de la autoconciencia, no se pueden experimentar estados vacíos, mantener interiores vacuos, perdiendo la dirección de la meta y entregándose a la ansiedad perturbadora, al estrés devastador, a la falta de interés contumaz.

Si algún miembro del cuerpo físico no se mantiene en actividad, tiende a atrofiarse. Todo, en el ser viviente, requiere acción, movimiento y esfuerzo, que más lo fortalecen a fin de que desempeñe la finalidad para la cual ha sido creado.

Lo mismo sucede con los modelos psicológicos de la autoconciencia. La persona debe descubrir la finalidad de su existencia y cómo alcanzar el objetivo de ser feliz, mediante la superación de los conflictos o tratándolos, viviendo de manera clara y sin culpa, usufructuando los dones de la existencia y siempre rumbo a la perfección.

Cuando se adquiere la autoconciencia -al realizarse la identificación entre el *Self* y el *ego*- es posible ocupar los espacios aflictivos del mundo interior, sin dejarse caer en el desprecio, en el abandono de sí mismo, en la indiferencia.

TERAPIA LIBERADORA

La persona vacía, es decir, aquella que ha perdido la identidad, y abandonó la búsqueda de los objetivos que constituyen motivaciones seguras para existir y para llevar a cabo actividades inherentes a la existencia, pasa por un tormentoso proceso de desgaste emocional.

La pérdida del Si, no obstante, puede ser resuelta a través del cambio de actitud racional y emocional para con la oportunidad de la existencia.

Es por eso que la fe religiosa, el sentimiento de humanidad, el respeto social, el vínculo idealista con alguna expresión que dignifique al ser humano, son referencias que se convierten en estímulos para no perder el significado psicológico interior.

Cuando se pasa del absurdo de la fe ciega y autoritaria hacia la indeferencia espiritual del ser en sí mismo, las conductas anárquicas e irresponsables asumieron la liberación de aquello que antes era castración, y produjeron males equivalentes, que en la actualidad consumen al ser social, perdido en la confusión de perseguir la nada.

La trayectoria física tiene una duración efímera, puesto que, a medida que produce frutos, es consumida por la sucesión de las horas, lo que deja un cierto sabor amargo y de desencanto. Por el contrario, concebir al Espíritu como un ser eterno, que se encuentra transitoriamente en proceso de realización en la vestimenta orgánica, hace posible un comportamiento diferente, pues las leyes que rigen su destino están escritas en su propia conciencia, sin que importen demasiado las opiniones ajenas, tanto si se trata de reproches o de aplausos.

Por medio de la reflexión, el individuo se descubre tal como es, y sabe lo que podrá hacer en beneficio de sí mismo, a fin de alcanzar niveles más grandiosos y compensadores, que la vida misma le reserva.

Sin embargo, en el período de angustia y ansiedad, frente a la dificultad para identificar las metas y los compromisos, necesita asistencia psicoanalítica o psicológica, a fin de diluir la ansiedad y los conflictos generados, en concordancia con la psicogénesis en que se apoyan.

La asistencia orientadora lo auxiliará a que se libere de los miedos y de las culpas, de las frustraciones y los resentimientos, proporcionándole la motivación indispensable para avanzar, debido al júbilo que se adueñará de él, propiciándole siempre nuevos emprendimientos satisfactorios.

Por otra parte, la búsqueda del Sí, a través de la meditación y de la plegaria, producirá en él el *insight* valioso, para que comprenda aquello que le está reservado, y que por el momento se encuentra desfasado, sin utilidad.

La comunión mental con otras ondas de pensamiento, en áreas extrafísicas, le permitirá identificarse con *En-*

tidades benefactoras, que inspiran decisiones y conductas saludables, y lo enriquecen con bienestar.

Se supone, indebidamente, que solo los individuos calificados como superiores pueden experimentar esa alegría, esa vivacidad, el triunfo sobre los conflictos. Absurdo engaño, porque esos bienes están al alcance de todos los que realizan acciones dignificantes y se esfuerzan para lograrlos.

Cada acto correctamente orientado ofrece la compensación del resultado exitoso.

El hombre y la mujer vacíos necesitan una terapia adecuada para que recuperen la finalidad de la existencia por la que transitan. Les basta con intentarlo e insistir hasta que lo consigan.

16

ESTRÉS

• RAZÓN DE SER DEL ESTRÉS
• PROCESOS Y MECANISMOS ESTRESANTES
• TERAPIA PARA EL ESTRÉS

RAZÓN DE SER DEL ESTRÉS

En una investigación realizada en el año 1948, Selye aplicó el término *estrés* a la presión ejercida sobre el individuo, en forma de una carga de energía superior a su capacidad de resistencia emocional, que produce un disturbio de la conducta.

De ese modo, todo tipo de carga, presión o fuerza que se experimenta, comenzó a considerarse de naturaleza estresante.

Esa carga no tiene una característica aislada, pero puede ser entendida como la suma de fenómenos y acontecimientos no específicos, que se puede manifestar como un perjuicio o como una defensa.

Se presenta en un lugar específico, cuando se trata de un problema orgánico, o de manera general, en forma de síndrome, como consecuencia de diversas coerciones que no son liberadas.

En una sociedad competitiva y caracterizada por la angustia, como lo es la actual, el fenómeno del estrés se generaliza en razón del volumen de compromisos, de la escasez de tiempo para atenderlos, de la búsqueda desesperada de mejores salarios y comodidades, de diversiones y placeres, y da lugar a la ansiedad, produciendo culpa y desarmonía en la estructura emocional.

Esos acontecimientos producen neurastenia, cansancio exagerado, una sucesión de problemas trágicos y perturbadores, que desembocan en un comportamiento desorganizado, generador de trastornos y disturbios neuróticos más graves.

Por otro lado, cuando se experimenta una gran tensión para liberarse del estrés, inevitablemente el individuo se convierte en su víctima, porque esa también es una forma de presión, muchas veces superior a la capacidad de resistencia emocional.

En ese caso, es posible contabilizar las fugas de esas constricciones, el tomar distancia de todo tipo de amenaza, la negación para identificar el peligro, la lucha contra el temor a los acontecimientos perjudiciales, todo lo cual genera una sobrecarga emocional que termina manifestándose como una forma de estrés.

No solo las situaciones aflictivas se encargan de inquietar, sino también la ansiedad en torno a aquello que se anhela, por lo que se realizan sacrificios, por las conquistas que culminan en el éxito, por ejemplo, en el matrimonio, en la conclusión de un curso de estudios, en la conquista de un título, en el triunfo de una iniciativa…

Por consiguiente, las actividades psicológicas positivas y anheladas, cuando se concretan, pueden también transformarse en factores que generan estrés y, de ese modo, en una puerta abierta a situaciones fastidiosas y desalentadoras.

La madre, sea viuda o no, que se apega a su hijo y se dedica a él con un aferrado sentimiento obstinado de amor-propiedad, que se completa emocionalmente a través de las realizaciones que él anhela, cuando lo ve crecido y rumbo a la independencia, a la ruptura del cordón umbilical, comienza a estresarse, a sumergirse en el pozo de la existencia sin sentido, porque todas sus aspiraciones han sido orientadas hacia aquel mecanismo de autorrealización, de egotismo exacerbado.

Más terrible aún resulta el problema cuando el hijo -sea masculino o femenino- intenta realizarse emocional y socialmente a través del matrimonio.

Para esa madre, la pérdida constituye un sufrimiento estresante y devastador, que la enfurece o la deprime, y ve en la persona que le arrebató el motivo de su existencia a un enemigo que debe ser destruido o, por lo menos, derrotado, a fin de recuperar su seguridad emocional.

El empleado que se entrega a la empresa y, lentamente, comienza a experimentarla con intensidad, suponiendo que él es indispensable, hasta que de un momento para otro se ve desplazado y sustituido por otro mejor preparado, con nuevos recursos para esa función, es invadido por el estrés de la amargura y cae en el pozo de la desesperación. Tiene la impresión de que su existencia ha perdido la razón de ser vivida, porque se centró en el trabajo al que dedicó todos sus intereses y motivaciones personales.

No obstante, cuando la muerte arrebata a un ser querido sin que haya habido una preparación psicológica para el fenómeno de la cesación del funcionamiento de los órganos, es inevitable el trastorno generado por el estrés de la presión interna del sufrimiento, que pareciera imposible de soportar.

La existencia humana se presenta portadora de un conjunto casi infinito de posibilidades que deben ser experimentadas, a fin de que llegue a ser digna y merezca ser vivida saludablemente.

El *ego*, no obstante, establece sus parámetros y se sobrecarga de ilusiones y de posesiones falsas, a las que la realidad se encarga de desbaratar, porque no cuentan con estructuras legítimas, sino que están fundamentadas en quimeras, en perturbaciones y sueños infantiles que no han sido superados en la edad adulta.

Profundizar la identificación de la autoconciencia hace posible la valorización del *Si-mismo (Self)*, ampliando el ámbito de aspiraciones y de metas que deben ser concretadas.

Las experiencias sociales y humanas, los desafíos y las dificultades, las luchas y los fracasos, no deberían constituir una fuerza estresante, porque su objetivo es la maduración de la capacidad emocional, de modo de fortalecerla para los embates más vigorosos que habrá que superar hasta el momento de la plenitud.

Cada experiencia existencial se convierte en un valor emotivo que se suma a los anteriores, favoreciendo el crecimiento de la persona y la realización interna.

Nadie alcanza niveles de equilibrio sin pasar por las pruebas de las luchas edificantes.

PROCESOS Y MECANISMOS ESTRESANTES

No cabe duda de que existe, en muchos organismos, una cierta predisposición a la pérdida de las energías, de las fuerzas en que se sustentan los contenidos emocionales.

Con relativa facilidad, los individuos portadores de esa constitución se sobrecargan de aflicciones, ante acontecimientos que no tienen el menor sentido perturbador, y se convierten en víctimas de situaciones a las que temen enfrentar, o a las que rechazan en forma consciente, para caer en el estrés.

Psicológicamente frágiles, no logran salir del período infantil, durante el cual necesitan a la madre sobreprotectora, al nido doméstico como defensa, sin haberse preparado para la vida adulta, constituida inevitablemente por desafíos necesarios para la evolución.

Desacostumbrados a la responsabilidad o dominados por el exceso de escrúpulos, algunos de ellos se autodenominan perfeccionistas, y desearían un mundo elaborado por ellos mismos, en el que los acontecimiento obedeciesen a modelos agradables o a ordenamientos geométricos sometidos a sus criterios de evaluación.

Sin embargo, como los grupos sociales están conformados por biotipos variados y de diversas necesidades, con objetivos y obligaciones específicos, esos individuos retroceden ante los enfrentamientos o se estresan con los fenómenos generales, para amargarse y desgastarse de manera enfermiza.

En algunos pacientes existe una tendencia -probablemente inconsciente- a cultivar el masoquismo emocional, con lo cual se deslizan hacia la autoconmiseración, hacia la necesidad de refugiarse en el regazo materno, mientras piensan en transformar a la sociedad -a la que consideran adversa- en una protectora sentimental de sus debilidades morales.

Se niegan a los combates que son esenciales para el autocrecimiento, así como valiosos para el enfoque psicológico de la existencia humana y de sus finalidades liberadoras.

Acumulan resentimientos a partir de fracasos banales, de los cuales culpan a los demás; y viven destilando desdicha, la cual se encuentra más en su imaginación que en la realidad, si se toma en cuenta que tienen un cuerpo saludable, por lo menos sin afecciones ni infecciones, que debería ser aplicado en actividades que lo fortalecieran, a fin de impulsar los sentimiento hacia vuelos más elevados, en busca de realizaciones dignificantes.

Suponen que no tienen suerte, que están signados por karmas dolorosos, y mientras se lamentan, entregados a la ociosidad, se enferman y se desorganizan aún más. Es natural que el cúmulo de preocupaciones, de tareas, de compromisos, se transforme en una carga estresante.

Como no están acostumbrados al trabajo continuo y se han adaptado a situaciones que les resultan protectoras, eludiendo las experiencias del esfuerzo personal, anhelan todo aquello para lo cual no luchan, y se demoran en reflexiones pesimistas y lamentables, en vez de ser afectos a las realizaciones, en continuos intentos de aprendizaje de un comportamiento, hasta conquistar sus objetivos, sean cuales fueren.

La autoconciencia es responsable del proceso de más fácil evolución del pensamiento y de las realizaciones humanas, porque permite entender los significados psicológicos existenciales, así como los mecanismos que deben ser utilizados a fin de obtenerlos.

El hecho de depender de otros y de transferir las responsabilidades a otras personas, así como la necesidad de tener gurús y guías, ocultan las comodidades mental, moral y emocional, disfrazadas de confianza y de afecto hacia aquellos que les sirven de conductores. La experiencia, sin embargo, es personal e intransferible, y cada uno tendrá que experimentarla a fin de aprender, a semejanza del medicamento que debe ser utilizado por el paciente que busca la cura, y no por aquel que lo prefiere, según el modo de un absurdo comportamiento infantil.

Esa inseguridad, esa forma de manipulación emocional, deriva de la culpa y de la fuga realizada en el pasado, en relación con los deberes que no se cumplieron y que, ahora, en una nueva reencarnación, deberán ser enfrentados para incorporarse a las conquistas evolutivas, a las cuales todos los Espíritus son convocados.

Nadie evoluciona en lugar de otro, pues el proceso es individual y exclusivamente personal.

Esos individuos inmaduros, cuando aman, desean que sus afectos asuman sus responsabilidades, resuelvan sus problemas, enfrenten sus dilemas, vivan por ellos, con lo cual demuestran una absoluta confusión relativa a las emociones.

En ellos, las enfermedades, los problemas de relación, las luchas en el trabajo, la convivencia con los demás, siempre asumen proporciones exageradas, porque desean facilidades y comodidades, y se atribuyen demasiada importancia, que están lejos de poseer, o huyen hacia la intriga, la maledicencia, considerándose siempre víctimas de persecuciones que solo están en la imaginación y en el egotismo enfermizo.

Por lo general, se estresan ante pequeños acontecimientos, y no soportan las necesarias tareas de renovación y de restablecimiento del equilibrio, que dependen exclusivamente de ellos mismos.

En la veloz sucesión de los días modernos, en los cuales las máquinas inteligentes dominan el mercado humano, el individuo es invitado a asumir su posición de comando y de superioridad, en relación con esos aparatos creados por él para que le faciliten la vida, sin dejarse abrumar por las circunstancias que se presentan agobiantes.

No hay lugar ni tiempo que resulten favorables para consideraciones exageradas ni para convivencias conflictivas, como tampoco para relaciones enfermizas.

Dado que todos los individuos son portadores de problemas, es lógico que cada cual procure estímulo y orientación, mejores situaciones y compañías saludables, en vez de aceptar a quienes explotan sus valores o los mantienen en la inactividad o en un estado de dependencia mórbida.

Indiscutiblemente, son muchos los factores que conducen al estrés, pero al mismo tiempo son innumerables los recursos para liberarse de las cargas opresoras, cuando se desea cambiar de comportamiento y obtener el bienestar.

Es inevitable que haya ansiedad en distintas situaciones, pero bajo control y con lucidez, evitando que alcance niveles psicológicos y orgánicos enfermizos.

Cuando los ideales se cimentan en objetivos superiores, y las reflexiones son saludables y optimistas, naturalmente se adquieren fuerzas morales para saber distinguir los fenómenos perturbadores de aquellos que tienen finalidades edificantes.

De ese modo, es posible experimentar la ansiedad con equilibrio, sin sufrimiento ni distonía, con conciencia de que todo proceso exige un tiempo apropiado para concretarse, y que no siempre los problemas se resuelven conforme le parece a cada uno, sino de acuerdo con las circunstancias y las posibilidades que le son propias.

Esa comprensión hace posible que se administre el proceso de ansiedad, dentro de los límites naturales y propios de los acontecimientos cotidianos.

Por lo tanto, educar la mente y el sentimiento constituye el deber inicial para la superación de los mecanismos estresantes.

TERAPIA PARA EL ESTRÉS

Por consiguiente, creer en la vida futura, en la inmortalidad del Espíritu y en su destino glorioso, constituye la más adecuada autoterapia preventiva en relación con el estrés, así como para su superación.

Esto es así porque, al superar los límites inmediatos de la existencia orgánica, tal convicción amplía la perspectiva de la felicidad, demostrando que, en caso de que no sea obtenida de inmediato, sin duda será un paso más adelante, gracias a la prolongación del tiempo y de la realidad del *Más Allá*, que permiten constantes realizaciones, ricas en experiencias negativas y positivas, que definen el rumbo hacia la plenitud.

Mediante esa actitud mental y emocional surge la alegría, como una demostración de que la dificultad de hoy es el preludio de la conquista de mañana, como ocurre con la flor que se marchita para liberar el fruto y la simiente, que yacen adormecidos en ella.

No se trata de una existencia lineal, que comienza en la cuna y termina en la tumba, sino que deriva de la vida en sí misma, que preexiste y sobrevive a la descomposición molecular, y que es el resultado de un aprendizaje continuo, en el cual se alternan éxitos y aparentes fracasos, que culminan en conquistas insuperables.

Nadie puede alcanzar una meta programada sin pasar por aciertos y errores, si no elige los procesos favorables y elimina los que están equivocados, sin desanimarse, e insistiendo hasta que se concreten sus objetivos.

De ese modo, la fe en el futuro calma las aflicciones momentáneas, prescindiendo del apoyo del conformismo enfermizo, pero con el coraje necesario para vencer las imposiciones perturbadoras de la actualidad.

Esa actitud impide que se instale la ansiedad, considerando la magnificencia del tiempo sin el apremio de la ilusión. Al mismo tiempo, hace posible una planificación a largo plazo, sin la interferencia de la angustia ni de la precipitación.

Las tensiones, no obstante, se presentan inevitablemente, debido al curso de los acontecimientos, que no se puede detener. Superado un problema, de inmediato se acerca otro, toda vez que no se acumulen varios de ellos, a consecuencia de la celeridad de los fenómenos humanos.

Sin embargo, la manera como se las analiza para aceptarlas, es responsable de la emoción con que se las enfrenta.

Cuando el individuo se educa en la comprensión de los deberes que abraza, deduce de inmediato cuántos esfuerzos deben hacerse, a fin de que se concreten con eficiencia los resultados que se planificaron. Entonces, programa la manera de enfrentar cada etapa, la forma de ejecutar cada tarea, evitando el cansancio excesivo, el desgaste emocional, la irritabilidad, que resultan habitualmente de la falta de disciplina y de la rebeldía en el trato y en la convivencia con las demás personas, relativos a los deberes asumidos.

Cuando se producen situaciones estresantes, que son normales, de inmediato debe renovar ideas, modificar la realización, buscar un refugio en la oración renovadora, que robustece con energías psíquicas y emocionales, vitalizando los sistemas físico y psicológico, momentáneamente afectados.

El ser humano precisa del trabajo que lo dignifica, pero también del reposo que renueva sus fuerzas y posibilita las reflexiones necesarias para un desempeño correcto y compensador.

De ese modo, es imperioso, para la preservación o la conquista de la salud, que se establezcan períodos para las vacaciones, para el relajamiento emocional, para el cambio de actividades, para los ejercicios físicos liberadores de las tensiones orgánicas y psicológicas, agilizando el cuerpo mediante caminatas, masajes, natación, con la mente liberada de los problemas constrictivos.

Es justo que el ser humano no olvide los límites de su condición de reencarnado y, por consiguiente, las imposiciones del vehículo orgánico, evitando los sueños de superhombre que algunos se atribuyen.

La musicoterapia y el socorro fraternal al prójimo también constituyen recursos valiosos, para que la persona se libere de la carga de tensiones, y experimente la alegría de vivir y de servir, sintiéndose útil.

El yoga y la meditación, la acupuntura y otros recursos valiosos, denominados alternativos, contribuyen eficazmente al *relax* y la renovación de las energías consumidas.

Toda vez que alguien se entrega al Bien, es alcanzado por los efluvios de la salud y de la armonía, que le permiten autorrealizarse y ayudar a los demás.

La búsqueda de la belleza, desde todo punto de vista, contribuye para el retorno al bienestar, superando el estrés y la inquietud.

A pesar de esos recursos, si el paciente continúa trastornado por el estrés, no debe postergar la consulta al psicoterapeuta, a fin de evitar la instalación de problemas neuróticos más graves.

Esforzarse por vivir con alegría en todas las circunstancias es una terapia preventiva y liberadora para los males del estrés.

17

FOBIAS

• PSICOGÉNESIS DE LAS FOBIAS
• DESARROLLO FÓBICO
• TERAPIA PARA LOS TRASTORNOS FÓBICOS

PSICOGÉNESIS DE LAS FOBIAS

Los trastornos fóbicos, o miedos exagerados, constituyen síntomas neuróticos compulsivos, con los cuales surgen esos temores que no tienen motivos reales -en relación con determinados objetos o situaciones-, y que se encargan de restringir o perturbar el comportamiento del individuo.

Hacen las veces, por cierto, de factores causales o desdoblamientos de las fijaciones en vivencias reales ya experimentadas, como la que se refiere a la angustia que se instala en el pecho.

En otras circunstancias, pueden ser el resultando de miedos infantiles no superados, en relación con roedores, arácnidos, reptiles, o la oscuridad y sus fantasmas…

Desde el punto de vista psicoanalítico, es consecuencia de un peligro interno pulsional, o miedo a la explosión de la pulsión y a su plenitud en el objeto donde se fija. Se trata de una actitud de desplazamiento de la pulsión del objeto originario hacia otro, o de cualquier situación que lo sustituya.

Como consecuencia de la teoría del aprendizaje, cualquier forma, objeto o situación, puede transformarse en un factor de miedo, dando lugar a innumerables estados fóbicos, cuyos nombres se corresponden con aquellos mecanismos pulsionales que los generan. Por ejemplo: la *claustrofobia*, con relación a lugares cerrados; la *agorafobia*, a los lugares abiertos; la *eisoptrofobia*, a los espejos; la *oclofobia*, a las multitudes; la *ácarofobia*, a los insectos; la *necrofobia*, a los cadáveres; la *zoofobia*, a los animales; la *alurofobia*, a los gatos; la *antropofobia*, a la gente; la *fotofobia*, a la luz solar; la *autofobia*, a sí mismo...

Sin embargo, ahondando la investigación en torno a la psicogénesis de los trastornos fóbicos, se encontrarán, en el Espíritu, los factores causales, cuando hubo compromisos morales y emocionales, que son consecuencia de situaciones lamentables y de acciones deplorables contra el prójimo o la sociedad, mediante actos criminales o rencorosos que se perpetraron.

Las circunstancias y los acontecimientos del momento se grabaron en los paneles delicados del inconsciente profundo del rebelde, porque fueron rechazados por la conciencia, que deseaba bloquear las reminiscencias dolorosas, suprimiendo las imágenes lamentables y perturbadoras.

Por un fenómeno natural, debido a la *Ley de Causa y Efecto,* las acciones despreciables que se practicaron siempre fluyen de los depósitos de la memoria inconsciente, gracias al periespíritu, e invitan al condenado a la reparación.

Esa recuperación se presenta con diversos aspectos. Al principio, se impone el arrepentimiento, haciendo que los recuerdos sean evocados y revividos, de modo que los sentimientos morales registren la gravedad del acto infame, para que se tome conciencia del error y se predisponga al cambio de actitud con relación a la víctima y a la vida. Seguidamente, de manera inevitable, la misma conciencia establece el sufrimiento que deriva de los resultados perjudiciales que fueron impuestos a otros, así como del despertar hacia los valores dignificantes, que nunca pueden quedar omitidos por el ser en proceso de evolución.

Esa expiación del error es indispensable para el restablecimiento del equilibrio emocional. A pesar de esos factores, se impone además la necesidad urgente de reparar los males ocasionados y, a continuación, despiertan los sentimientos dignificantes del amor, la caridad, la compasión y la solidaridad, que propiciarán la anulación de los efectos dañinos que aún perduren.

Sin embargo, no siempre el proceso resulta sencillo, debido a los sentimientos de aquel que fue ofendido y que, como no desea disculpar, y menos aún perdonar, desencadena la acción obsesiva, generando angustia en el antagonista, que al no hallarse preparado para la renovación moral, cae en las redes del sufrimiento relacionado con la venganza.

La simple visión de algún factor que haya estado presente en la acción nefasta del pasado, desencadena los recuerdos inconscientes que se transforman en miedo, e inmediatamente después en pavor, por la acción de la mente vengadora.

Lo mismo suele suceder en la etapa infantil, cuando se detectan esos animales o las circunstancias que desencadenan las reminiscencias nocivas, que se graban en la memoria presente y dan lugar a los temores injustificados, desde el punto de vista actual, pero que son hijos del remordimiento debido a los errores cometidos.

De ese modo, las angustias derivadas del miedo a situaciones, animales e insectos, absolutamente desprovistos de peligro, son efecto de la conciencia de culpa por las faltas cometidas que no han sido resueltas por el *Self,* que despierta a la necesaria recuperación.

Cuando automáticamente se evitan las situaciones aflictivas, el enfermo parece negarse a enfrentar a su conciencia, procurando mantener obnubilada la razón, y de esa manera evadirse de la rehabilitación.

Incluso los factores actuales, que desencadenan los trastornos fóbicos, son el resultado de las imposiciones divinas, que generan circunstancias en las cuales el infractor de las leyes es invitado al restablecimiento del orden y del equilibrio, que han sido perturbados por su ineptitud o su perversidad, en su trayectoria evolutiva del pretérito.

La salud auténtica procede del Espíritu mismo, cuando se ha despojado de compromisos negativos y de conductas reprochables.

Como nadie alcanza las cumbres sin que le sea necesario superar las pendientes y padecerlas, es lógico que en el desafió de la ascensión moral y espiritual se desencadenen muchos tormentos a partir de conductas impropias o extravagantes, que sirvieron de recurso para la experiencia individual.

Una vez que se ha cometido el abuso, una nueva oportunidad surge con la carga de sus consecuencias, que exige reparación.

Por lo tanto, cada ser es la sumatoria de sus existencias anteriores, en las cuales desarrolló los valores sublimes que dormían en él, y se desarrolla en la vestimenta carnal, como una semilla que, para transformarse en un frondoso árbol, requiere del amparo generoso del suelo, donde crece y alcanza su fatalidad vegetal.

El destino del Espíritu es la plenitud que le está reservada, a la cual alcanzará dando pasos firmes en el rumbo del deber y de la paz.

DESARROLLO FÓBICO

La fobia es una perturbación de la ansiedad relativamente común, que se presenta de un modo absolutamente irracional.

Si alguien vive en un bosque, es lógico que pueda sentir el temor de encontrarse con una fiera, con algún animal peligroso. Pero si se encuentra en una ciudad civilizada, esa probabilidad es casi nula. Con todo, debido a que en la ciudad existe un jardín zoológico, el miedo injustificado se transfiere hacia ese lugar y, por extensión, hacia la zona donde está ubicado, de modo tal que el paciente comienza a experimentar temor en relación con esa área, y el estado fóbico se generaliza.

Ese miedo alcanza proporciones graves cuando se hace presente en todos los momentos y aspectos de la vida, debido a la preocupación que desencadena…

No hay lógica en la motivación de dicho estado, pues el paciente que sufre ese miedo, si puede evitar los lugares en los cuales podría correr algún peligro de ser víctima de aquello que lo aflige, es decir, de multitudes o de animales feroces, prefiere estar donde eso no ocurra. Aún así subsiste el temor, que puede ser leve o no.

John Locke suponía que las fobias estaban asociadas fortuitamente a ideas perturbadoras, como ocurre en la infancia, cuando se narra a los niños historias atemorizadoras, que a partir de entonces les provocan miedo a la oscuridad definitivamente. En la actualidad, del mismo modo, diversos autores coinciden en que las fobias pueden tener como causa el condicionamiento clásico, es decir, el miedo a un determinado factor que les da origen, que desencadena la respuesta mediante la activación autonómica -alteración cardíaca, sudoración, frío...- que tipifican el estado mórbido.

Algunas fobias pueden ser el resultado de ese condicionamiento, cuando alguien ha sido víctima de una picadura de insecto o de la mordida de un animal, y comenzó a temerles, lo cual se convierte en una fobia adquirida y genera el condicionamiento, que se amplía ante nuevos estímulos.

Se estudia, asimismo, la posibilidad de aceptar la teoría de la prontitud de las fobias, que serían el efecto de la herencia de nuestros antepasados -los primates-, que fueron víctimas de otros animales e insectos peligrosos y que, gracias a la selección natural, desarrollaron el miedo espontáneo a esos estímulos, y lo trasmitieron a las futuras generaciones. Como confirmación de esta teoría, se puede citar el miedo en individuos normales, no fóbicos, ante determinados estímulos producidos por animales y semejantes. No obstante, surgen críticas a esa teoría, debido a la imposibilidad de establecer correlaciones entre el estímulo original y el efecto representativo. Se justifica, además, que en las experiencias realizadas en laboratorio, los sujetos pueden haber sido contaminados mediante el contacto con otros cultores de esos temores, o resultar víctimas de las tradiciones culturales, con sus leyendas y sus mitos, que hayan generado en el inconsciente el miedo injustificable.

A diferencia de lo que ocurre en las fobias específicas, existen otras más amplias y comunes, como la de naturaleza social.

En este caso, el paciente teme ser víctima de circunstancias o acontecimientos que le hagan pasar un mal momento en público, una humillación no deseada, de modo que evita cualquier posibilidad de que eso ocurra, y se aísla -tanto como le es posible- de la convivencia social, pues se aflige en exceso cada vez que se encuentra expuesto a ese peligro.

La vida, sin embargo, está compuesta por desafíos que invitan al individuo a la maduración psicológica, a la vivencia de experiencias que le aportan sabiduría, que fortalecen sus valores éticos y morales, sus conquistas culturales y religiosas, la evolución espiritual.

Una vida normal es rica en éxitos y fracasos. Cuando ocurren estos últimos, se aprende a no repetirlos, y se adquieren métodos eficaces para vivenciar las luchas de manera equilibrada y enriquecedora.

Cuando son víctimas de la fobia social, los individuos eluden todo tipo de conducta pública, siempre temerosos de que les ocurra algo que los disminuya, como tartamudear al hablar en público, atragantarse al comer delante de los otros, lo que es perfectamente normal y también le sucede a las demás personas.

Invariablemente, cuando se sienten obligados a comparecer a esas reuniones profesionales, culturales y sociales, que no pueden evitar de manera alguna, buscan estímulos en el alcohol, amparo en el cigarrillo o en las drogas, mediante cuyo uso pierden momentáneamente el miedo y encuentran valor para enfrentar el desafío.

Como consecuencia de eso, se vuelven dependientes por la reiteración, sumando esa aflicción a la fobia de la que son portadores.

En un análisis más profundo del *Self*, se encontrarán registros de las causas del trastorno en existencias pasadas, cuando se hizo mal uso del comportamiento o se experimentaron acciones perturbadoras desagradables, que dejaron huellas en los tejidos sutiles del periespíritu, debido a la gravedad de esos acontecimientos lamentables.

Individuos que fueron invitados a destacarse en la sociedad, pero solamente se aprovecharon de eso para el enriquecimiento ilícito, para el goce personal, perdularios en relación con los valores de la vida, generaron la culpa que ahora se presenta como miedo a ser sorprendidos y desenmascarados.

En otros casos, padecieron situaciones penosas y no pudieron realizar su elaboración, para superarlas, lo que se transformó en una fobia cuando algún estímulo desencadenó la asociación inconsciente. Por ejemplo, la desencarnación motivada por un derrumbe, que produjo asfixia hasta el momento final, se asocia con la presencia en ambientes cerrados, que produce de inmediato dificultad respiratoria;

o el entierro durante una crisis de catalepsia, con el posterior despertar dentro de la tumba, y la muerte dolorosa por falta de oxígeno bajo la tierra o en el mausoleo.

Naturalmente, no todas las formas fóbicas provienen de existencias pasadas, pero un gran número de ellas tiene origen en esas reencarnaciones malogradas, de cuyos efectos el Espíritu aún no consiguió liberarse.

También en ese capítulo aflictivo, las obsesiones desempeñan un rol primordial, debidas a los sentimientos hostiles de quienes fueron perjudicados y no consiguieron superar el resentimiento y el odio, de modo que permanecen ávidos de venganza, y aprovechan las circunstancias naturales que son impuestas a los infractores, de una existencia a otra, lo que amplía sus sufrimientos.

Al principio se instalan a través de la telepatía, mediante el envío de mensajes y sensaciones perturbadores, a través de la resonancia o inducción mental, ampliando el cerco a medida que el paciente acepta la opresión funesta.

Por último, en una convivencia emocional y psíquica más estrecha entre el desencarnado y el encarnado, quien comienza a sufrir esa penosa circunstancia.

Los clisés mentales que han perdurado a través del tiempo, en los archivos del inconsciente profundo, reviven el temor y abren espacio para el acoso del perseguidor despiadado, que se complace con la situación perversa.

Cuanto más se deja atemorizar el paciente, por los estímulos que producen los fenómenos fóbicos, más amplían estos su área, de modo que se vuelven insoportables y dan ocasión a nuevos temores, que antes no existían.

TERAPIA PARA LOS TRASTORNOS FÓBICOS

Los procesos psicoterapéuticos son muy eficaces para el restablecimiento de la salud emocional del paciente fóbico, y tratan su inconsciente de forma tal que se le demuestre la inutilidad del temor, que jamás se transforma en un acontecimiento perjudicial para su salud, para su vida.

Nuevas asociaciones pueden auxiliar con la representatividad que haga posible el equilibrio, y proporcionen bienestar y autoconfianza.

El paciente, por su parte, debe realizar una elaboración interior, en procura de asimilar el coraje y el sentido común, para vencer poco a poco los miedos más simples, para luego avanzar rumbo a las fobias perturbadoras.

Es necesario agregar los recursos terapéuticos espíritas, tales como el esclarecimiento acerca de la realidad espiritual que cada uno es, la justicia de las reencarnaciones, la bioenergía, como también a través de los pases y del agua fluidificada, las lecturas esclarecedoras, las sesiones de desobsesión, en caso de que el paciente se haya preparado, mediante el estudio y la conducta, para participar en ellas.

Una actitud positiva y de confianza en Dios ante los fenómenos fóbicos es de un valor insuperable, pues brinda resistencia para todo tipo de situaciones emocionales, entre las cuales se encuentran las perturbaciones de ese orden.

18

CORAJE

• ORIGEN DEL CORAJE
• DESARROLLO DE LA FUERZA Y DE LA VIRTUD
DEL CORAJE
• APLICACIÓN DEL CORAJE.

ORIGEN DEL CORAJE

El coraje puede ser incluido en la lista de las virtudes humanas, tomando en cuenta los valores beneficiosos que propicia al Espíritu y a la existencia.

Se encuentra radicado en lo profundo del ser, a raíz de las experiencias morales y las conquistas sociales realizadas en vivencias pasadas, en ocasión de luchas y desafíos que se presentaron, y exigían una solución.

En el proceso de la evolución antroposociopsicológica, las modificaciones de niveles se producen a cada momento, porque toda vez que se ha conquistado un nivel de realización personal, de inmediato surge otro que invita al avance irrefutable.

Esos sentimientos, considerados valores morales, tienen comienzo en las experiencias más simples, ante las cuales el Espíritu no retrocede ni desiste de enfrentarlas, porque sabe, a veces de modo inconsciente, que estas constituyen recursos para el crecimiento interior y la valorización de la vida.

A continuación, surgen las luchas inevitables entre el *ego* y el *Self*, que proseguirán durante un largo período, hasta que este último predomine en todas las instancias.

Tan tenaz se presenta esa batalla, que los monjes tibetanos, a quienes preocupa la armonía interior y la superación de las pasiones primarias -que diseñan el futuro *ego*-, recomiendan el esfuerzo de preservación de la paz mediante la mentalización continua que impone disciplina a los impulsos inferiores.

El monje Patrul Rinpoche, por ejemplo, narra que había conocido a otro monje, de nombre Geshe Ben, que era tan riguroso en el cumplimiento de esa necesidad -la superación del *ego*-, que discutía en voz alta, reprendiéndolo, cada vez que era conducido a una actitud a la que consideraba impropia y, por lo tanto, enemiga del *Self*.

Más de una vez fue sorprendido quejándose a su *ego* imperativo, al sentir ansiedad por la conquista o la realización de algo que le agradaba, hasta trastornarlo; o cuando se daba cuenta de que realizaba algo que era contrario a los principios adoptados para la autoiluminación.

En cierto modo, también se narra que san Francisco, después de haberse entregado al Señor Jesús, fue sorprendido, cierto día, justificándose de no poseer nada más para darle. Sin saber qué más ofrecerle, mientras interrogaba mentalmente al Maestro, escuchó en los *pliegues* del alma la dulce voz que le respondía: *Francisco: entrégame a Francisco.*

Ocurre que es muy fácil ofrecer cosas y modificar situaciones en nombre de ideales y de intereses, mientras el *ego* se halla oculto detrás de sentimientos -incluso legítimos- de amor y de abnegación, aunque sin el coraje de brindarse, de olvidarse de uno mismo por completo, a fin de hacer la voluntad de Él y no la que es característica de cada uno.

Ese es un coraje grandioso, y concede la superación del *ego*, porque está completamente constituido por la entrega, el abandono personal, la sublimación del *Self.*

Se trata de un desarrollo interno, mediante el cual las luchas exteriores se producen con facilidad, diferenciándose del esfuerzo auténtico hacia el equilibrio emocional.

Normalmente, aquellos que aún no han desarrollado los requisitos morales, ni han tomado en cuenta la introspección -a fin de descubrir las excelencias de la armonía, de la salud integral-, desisten de aquellas batallas en las que el coraje desempeña un papel de suma importancia.

Habituados a los gestos exteriores, en los cuales el aplauso o la represión tienen significado y sentido emocional, no saben entregarse a esa lucha interna, silenciosa, sin testigos, sin la orquestación vanidosa.

El coraje, por lo tanto, se desarrolla lentamente, pasa de una etapa a otra hasta llegar a los niveles más elevados, a fin de favorecer -de ese modo- a la criatura, con más dignidad y autoconfianza.

Es preciso analizar el coraje de Jesús en el desempeño de su tarea, y cuánta falta les hizo a Judas y a Pedro, tal vez capacitados para las luchas externas, según lo demostró Simón en el Monte de los Olivos, cuando desenvainó la espada y agredió, innecesariamente, a Malco, cortándole la oreja. Ese gesto, considerado una expresión de coraje, significó en cambio la reacción del miedo, o incluso de la impulsividad, mientras que el Amigo se mantuvo sereno, presentándose sin agresividad, como aquel a quien buscaban.

Jesús había conquistado ese coraje mucho antes de estar en el mundo físico, mientras Pedro permanecía en el proceso de autorrealización.

Judas aguardaba a un Triunfador y, como carecía de coraje para su propia superación, se traicionó a sí mismo cuando lo traicionó a Él.

Más adelante, cuando maduró, con coraje moral, Pedro le entregó la vida, mientras que Judas, sin esa potencia grandiosa, huyó, nuevamente, perturbándose al darse cuenta del delito que había practicado, y recurrió al suicidio.

No son pocos los héroes de las batallas públicas que, por falta de coraje, pierden el equilibrio a consecuencia de las luchas íntimas, en las enfermedades, en las denominadas desgracias económicas y sociales, políticas o artísticas, en la escasez, en los dramas de los sentimientos.

Esa situación, no obstante, se convierte en forjadora del coraje en desarrollo, que se va fijando en los paneles del *Self,* preparándolo para cometidos más audaces en el futuro.

Resulta indispensable que el individuo cultive los sentimientos del recto deber, que son esenciales para el desarrollo del coraje, pues solamente así tendrá fuerzas para los enfrentamientos, apoyándose en esos valores trascendentes con los que están constituidos los compromisos elevados.

Como no está acostumbrado a la reflexión, ni al descubrimiento de la esencia de aquello que se le presenta como valioso, el *Self* no dispone de recursos para el avance moral, y se deja vencer por el *ego* vicioso.

Por eso, en cada conquista realizada, deben ampliarse nuevas áreas, que dan lugar a más valiosas realizaciones.

El coraje moral prescinde de circunstancias y posiciones relevantes. Es un valor que perdura en el individuo, siempre atento para realizar la labor que le corresponde.

Conquistar esa virtud algo olvidada es una propuesta moderna para obtener la salud integral.

DESARROLLO DE LA FUERZA Y DE LA VIRTUD DEL CORAJE

La virtud del coraje se presenta en el momento en que el individuo se libera de la protección familiar, de la seguridad del hogar, y atraviesa los diferentes períodos de la adolescencia para ingresar en la fase adulta, cuando deberá asumir responsabilidades.

En ese período es inevitable la conquista de la autoconciencia, que fluye de los intentos continuos para identificar su propia realidad, para la conquista del *Self*, abandonando los artificios y los mecanismos de fuga de la responsabilidad, a fin de soportar los enfrentamientos que se imponen necesariamente.

El desarrollo biológico no siempre es acompañado por el crecimiento psicológico, dado que muchas áreas de la emoción se mantienen dependientes de las circunstancias anteriores, de la protección recibida en la familia -de los padres y de los más ancianos-, la cual procura evitar al joven en crecimiento las adversidades, los conflictos y las luchas propias de la evolución.

El coraje se presenta, en ese momento, equipando al ser que busca la realización personal, mediante la selección de valores con los que debe abastecerse para seguir rumbo a las metas que elegirá a medida que transcurra el tiempo.

Vinculado a imposiciones sociales, educacionales, tradicionales, a menudo se extravía en conflictos innecesarios, generando comportamientos de miedo, de ansiedad y de inseguridad, los cuales se vuelven verdaderas cadenas que lo retienen en la retaguardia.

La autoconciencia ayuda a comprender que resulta necesario discernir para acertar, insistir para lograr el éxito, trabajar con ahínco en los propósitos elegidos, disponiéndose a errar y repetir la experiencia, a perder la ingenuidad para adquirir la madurez, a vivenciar decepciones que nacen de las ilusiones para comprender la realidad, conservando el coraje de no desanimarse ni desistir, sin entregarse a la autocompasión ni a la depresión.

El desarrollo animal se produce a través de períodos sucesivos, tales como la infancia, la adolescencia o juventud, la edad adulta, la vejez y la muerte. Todas esas etapas forman parte del esquema biológico normal y natural, del proceso inherente a la vida.

Se pasa biológicamente de un estadio al otro, pero no siempre con la madurez psicológica correspondiente, que debería acompañar a la nueva conquista, lo cual da lugar a que se instalen inquietudes y desalientos, que pueden llegar a ser patológicos.

Hace falta coraje para analizar con serenidad cada etapa de la existencia física, como parte de un proceso de crecimiento inevitable, que culmina con la muerte orgánica, incapaz de extinguir la vida.

Esencialmente inmortal, el Espíritu es el ser integral, que desarrolla el germen divino que se halla latente en él, para utilizarlo en el transcurso de las reencarnaciones, perfeccionándose siempre en cada etapa victoriosa, en cuyo transcurso se presentan los valores nobles que lo engalanarán más tarde, cuando hayan sido superados los períodos más difíciles.

En ese proceso de evolución, el coraje asume diferentes aspectos, proporcionando relaciones sanas que son indispensables para alcanzar el objetivo feliz.

Todos necesitan coraje fraternal para la convivencia, que se traduce en vínculos de amistad profunda, capaces de resistir las agresiones y las discordancias que -por lo general- tienen lugar en los comportamientos humanos.

Insistir en los buenos sentimientos de la amistad, en la búsqueda de relaciones afectivas en el área del amor sexual, librándose de los conflictos de toda naturaleza, con el coraje de la autosuperación, constituye una de las metas en la búsqueda de la salud plena.

Al disponerse al crecimiento interior y a la realización social y familiar, sea en los negocios y en los emprendimientos profesionales, el individuo necesita ese coraje dinámico, creativo y fortalecedor, que no decae ante el fracaso aparente, pues entiende que toda conquista es portadora de un precio específico.

Por consiguiente, el coraje es un acto de valentía moral, una virtud que debe acompañar el sentimiento humano, en vez de la apatía ante decisiones, o ante la comodidad relacionada con lo que ya se consiguió, con la satisfacción infantil por lo que se logró, cuando los horizontes se amplían más, en dirección al futuro, a medida que se avanza.

Es necesario distinguir el heroísmo del coraje real, porque las circunstancias y el momento pueden influir para que se consumen actos especiales y grandiosos, mientras que el desafío más constante es de naturaleza interna, como una forma permanente de conducta emocional.

Por eso nadie debe acobardarse, jamás, frente a las luchas, que son la fuente que estimula el crecimiento espiritual.

El ser humano posee reservas de fuerza moral casi inconcebibles, toda vez que sean estimuladas por los acontecimientos.

Verdaderos pigmeos culturales y sociales pueden alcanzar niveles elevados de coraje, mientras que individuos de gran prestigio intelectual y social prefieren sumergirse en los abismos del miedo y de la depresión, cuando son invitados a tomar decisiones y a realizar tareas permanentes.

La apariencia con la cual se circula, no siempre revela el grado de moralidad personal, ni del valor espiritual del cual es portadora. Por eso mismo, el coraje es el estímulo para que florezcan los valores que dignifican y producen la autorrealización.

El coraje puede asumir, también, otro delicado y sutil aspecto en el comportamiento humano, como es el de crear, brindando belleza a través del arte, de la cultura, de la religión, de la bondad, de la solidaridad.

Como se vive en una sociedad que se caracteriza por el aislamiento, por el egoísmo, que prefiere el interés inmediato, el intercambio de favores, es natural que alguien quiebre el condicionamiento y tenga el coraje de ser diferente, desarrollando el genio creativo y el sentimiento de compasión por la ignorancia, solidarizándose con la vida y con todos los seres sensibles.

Cuando falta esa virtud en el individuo, cuando pareciera que se ha cansado de trabajar en favor de los ideales y de la edificación de un grupo social mejor, se puede considerar que esa conducta se apoya en una adaptación cobarde ante las exigencias del progreso. Cuando se siente compensado por la vida, con una edad avanzada y reflexionando sobre la proximidad de la muerte, ya no siente interés en ampliar las posibilidades de acceder a una felicidad general, por lo que cae en la oposición al esclarecimiento, se entrega a la indiferencia, y deja de vivir plenamente, porque eligió tan solo el momento pasajero.

El coraje de luchar no aguarda compensación de ninguna naturaleza. Incluso cuando la muerte del cuerpo se aproxima, el hombre y la mujer de coraje prosiguen en su tarea de dar ejemplos y contribuciones que hagan felices a los que están en la retaguardia, y avanzan confiados en la ayuda de aquellos que los preceden en los caminos de la inteligencia y del sentimiento.

El coraje es más que la ausencia de temor ante los peligros: es el logro de la autoconciencia, que genera la seguridad en relación con las posibilidades y los medios valiosos para proseguir en la conquista de sí mismo.

APLICACIÓN DEL CORAJE

Si bien el coraje expresa el nivel moral de cada individuo, podemos ampliar el concepto para hacer un análisis del coraje de naturaleza física, que se identifica en los transes desencadenados por las enfermedades, por los accidentes desgarradores…

Muchos pacientes demuestran coraje frente a enfermedades devastadoras, mientras que otros se dejan llevar por la desesperación incontrolable. Con todo, ambas actitudes merecen algunas consideraciones.

En el primer caso, la persona puede estar dotada de una gran resistencia orgánica, con menor sensibilidad, lo cual dificulta la manifestación de los dolores acerbos. En el segundo caso, conflictos emocionales que desequilibran el comportamiento, generan condiciones para que los fenómenos aflictivos, los dolores y los padecimientos, asuman una gravedad que, en realidad, no existe. El propio desconcierto emocional contribuye para la exacerbación de la sensibilidad, hasta trasformarse en un sufrimiento desmedido.

En ambos casos, no obstante, el equilibrio moral favorece el coraje, o lo anula, durante la circunstancia aflictiva.

No obstante, durante la etapa en que los acontecimientos morales hieren los sentimientos, generan perturbación en el razonamiento, y amenazan el equilibrio mental, el coraje es puesto a prueba.

En ese caso, queda constituido por los elementos de la autoconciencia, de la comprensión de su significado existencial y del razonamiento lógico, con miras a aliviar la carga y disminuir su significado.

Al reconocerse como víctima, o al identificarse como perjudicado circunstancialmente por lo ocurrido, el coraje moral calma las reacciones orgánicas y evita que los sentimientos contradictorios del disgusto, la venganza, el odio, se instalan en los *pliegues* de la emoción, pues generarían perturbaciones íntimas.

El coraje debe ser ejercitado en los acontecimientos simples y en diferentes proyectos.

Aceptar el fracaso como una experiencia necesaria para garantizar la futura victoria, hace posible y estimula el coraje para nuevos intentos.

La consideración en torno a la fragilidad personal, tomando en cuenta la vigilancia, predispone a un comportamiento lineal y estable, de armonía frente a los infortunios o de alegrías en el transcurso de la existencia.

Asumir la identidad personal, evitando la conducta-espejo, que refleja a los otros en detrimento de uno mismo, favorece el coraje, para proseguir con el ánimo fortalecido.

Surgen, a continuación, las manifestaciones secundarias del coraje, tales como servir sin la preocupación de encontrarse bien en el contexto social, de hacer lo conveniente en detrimento de aquello que se debe hacer, adquiriendo la armonía interior que resulta del fenómeno de la conciencia tranquila.

Se confunde coraje con intemperancia, con agresividad, con impetuosidad, que a menudo son reacciones del miedo, manifiesto u oculto.

El coraje también es terapéutico, porque estimula al trabajo, a la realización de obras dignificantes, incluso cuando las circunstancias se vuelven desfavorables.

Cuando en la conducta se presentan temores infundados, inseguridad para decidir, dificultades para comportarse con equilibrio, subyacen fenómenos psicológicos de ansiedad y de culpas no resueltas.

Los recursos psicoterapéuticos deben buscarse a fin de favorecer el coraje, el valor moral, para una autoevaluación despojada de sensiblería, y a los efectos de la transformación interior para mejor, sin prisa.

Como corolario del coraje moral superior, el amor desempeña una función primordial en aquel que aspira a conquistar la armonía mediante el proceso de su evolución.

214

19

AMOR

- PSICOGÉNESIS DEL AMOR
- DESARROLLO DEL AMOR
- SUBLIMACIÓN DEL AMOR

PSICOGÉNESIS DEL AMOR

El amor es de esencia divina, porque nace de la excelsa paternidad de Dios.

Es una emanación sublime, y se halla instalado en el hálito de la vida, cuando el psiquismo en su forma primitiva se sumerge en la aglutinación molecular, dando comienzo al grandioso proceso de la evolución.

En su expresión más elemental, se manifiesta como la fuerza encargada de unir las partículas que componen las estructuras minerales, y de transferirse a lo largo de miles de millones de años hacia las organizaciones vegetales, en las que desarrolla el embrionario sistema nervioso de la savia que mantiene la vida, a través del surgimiento de la sensibilidad.

Un nuevo proceso, que se extiende a lo largo de un período de muchos milenios, elabora la estructura vibratoria de la energía psíquica de la que está constituido, propiciando el despliegue de las sensaciones, hasta el momento en que surge el instinto, en las formas animales. En esa etapa va a modelarse el futuro de la constitución del *ego*, mientras el principio inteligente, aún adormecido, inicia la elaboración de la individualización del *Self*.

La fiera que lame a su cría y la cuida, ejercita el sentimiento de la caricia, que un día se transformará en los besos de la madrecita enternecida por su hijo.

El predominio del instinto, en la sucesión de los millones de años, desarrollará el sentimiento de posesión, y este, el del miedo a la agresión, induciendo a un comportamiento violento en defensa de la propia vida.

A lo largo de los milenios, cuando alcanza el estado de humanidad, la herencia acumulada en los millones de años transcurridos en el proceso de continuas transformaciones, desencadena al comienzo el predominio del egocentrismo, que sigue el camino del egotismo exacerbado, hasta el momento en que se produce el cambio del nivel de conciencia dormida al de conciencia despierta, que es responsable de conquistas emocionales más enriquecedoras.

En esa etapa de modificaciones, tiene comienzo el sentimiento del amor, que se confunde aún con las manifestaciones del instinto, en primitivas formas depredadoras contra otras expresiones de vida, con el predominio de las sensaciones que, inevitablemente, se orientan hacia las emociones dignificantes.

Solamente cuando se alcanza un equitativo estado de desarrollo, los sentimientos pueden ser educados y ejercitados, de modo que proporcionen recursos a la razón, mediante los equipamientos delicados y convenientes para la elaboración de la propuesta de felicidad. No obstante, desde los comienzos del instinto, la educación ejercerá una contribución fundamental para el crecimiento y la adquisición de los valores pertinentes a cada etapa del fenómeno evolutivo.

La conquista de la razón, como consecuencia de los automatismos inevitables de la fatalidad antroposociopsicológica, faculta el surgimiento de la conciencia lúcida, que estuvo sumergida en niveles inferiores, esclavizada a las imposiciones de los instintos primarios dominantes.

En ese período de crecimiento de los valores éticos y estéticos, el amor desempeña un papel fundamental, por el hecho de constituir un estímulo para conquistas más avanzadas, rumbo al futuro.

Desde la posesión perversa y egotista del primitivismo, hasta la renuncia abnegada propia del nivel de lucidez espiritual, hay una prolongada experimentación en el área de las emociones, que se encarga de limar las aristas del *ego*, favoreciendo al *Self* con el desarrollo de las emociones superiores.

A raíz de ese extenso proceso, el inmediatismo del instinto, que domina y goza de placer sensorial, se perfecciona, hasta convertirse en emociones espirituales, que administrarán el porvenir del ser, en proceso de desarrollo moral.

La necesidad del amor, en ese prolongado tránsito, se presenta como propulsor para la conquista de niveles más elevados de conciencia, responsables por la belleza, por el conocimiento cultural y moral, por las realizaciones afectivas, por la solidaridad humana y la conquista holística del pensamiento universal.

Con todo, amarrado a las herencias del placer, en ocasiones embrutecido por la imposición grosera, el *Self* comienza lentamente a administrar los impulsos que, a lo largo de las sucesivas reencarnaciones, se tornan más sutiles y nobles, y se expanden hasta convertirse en una fuente vital de recursos para el progreso y el desarrollo interior al que está destinado.

Existe una inevitable concatenación de logros en la soberanía de la vida, que va de lo simple a lo complejo, de la ausencia de conocimiento hacia la sabiduría, mediante la espontaneidad de las Soberanas Leyes, que elaboran el mecanismo de la evolución inevitable.

Una chispa minúscula es responsable de la calamidad de un incendio devorador, toda vez que encuentre el combustible apropiado para expandirse.

De la misma forma, el amor, al presentarse en una mínima expresión en sus primeras manifestaciones, cuando encuentra estímulos desarrolla los sentimientos, y se transforma en un océano de riquezas.

La fatalidad de la chispa divina que vitaliza los diversos reinos de la Naturaleza consiste en alcanzar la etapa de la plenitud, del reino de los Cielos, del nirvana.

Es absolutamente imposible evitar el proceso de continuas transformaciones, desde la esencia cósmica que se convierte en psiquismo individual, más tarde en Espíritu pensante, rumbo a la sublimidad.

DESARROLLO DEL AMOR

En cada etapa de la evolución del ser, el amor experimenta manifestaciones pertinentes al propio proceso.

De los impulsos inconexos de la protección de las crías, en la fase animal, ese psiquismo avanza en la escala evolutiva con la contribución de los sentimientos de defensa y de orientación que surgen en los comienzos de la razón, aunque bajo las imposiciones del dolor.

El miedo, que predomina en la naturaleza animal, se transfiere hacia el ser humano, quien aprende a someterse, a fin de evitar los sufrimientos, de disminuir las aflicciones.

La domesticación de la fiera se transforma en educación del individuo humano y social, que aprende a discernir y a comprender el significado, el sentido psicológico y real de la existencia.

Paulatinamente, la sensación de placer crece, hasta convertirse en una emoción de paz y de felicidad, transformando la manifestación sensorial en una expresión de sentimiento, que avanza desde la fase física a la psíquica y emocional, a través de los conjuntos nerviosos que componen el cuerpo, comandados por el Espíritu en pleno desarrollo.

El amor posesivo, herencia del pasado, puede transitar por los disgusto de las enfermedades emocionales, que conducen al crimen, como consecuencia de los celos, de la inseguridad, de la ausencia de autoestima, del abatimiento moral.

Ese desarrollo se produce mediante la contribución moral del esfuerzo, para que el individuo adquiera independencia, sea capaz de amar, después de ejercitarse en el autoamor, mediante la superación de los conflictos de la inseguridad, del miedo, de las resistencias a la entrega.

Al transitar por la infancia emocional, el ser inmaduro desea recibir sin dar, o bien, cuando ofrece, espera una retribución inmediata, compensadora y fácil.

Solamente después de descubrir que la vida es portadora de muchos milagros de entrega, cualesquiera sean los aspectos con que se presente, el *Self* discierne y deja de tener la necesidad de recibir, para poder vincularse emocionalmente e identifica la excelencia del acto de amar sin restricciones, sin las exigencias egoicas que desvirtúan el acto de amar.

El amor es la más elevada y digna realización del *Self*, que se identifica plenamente con los valores de la vida, y comienza a expandirse en formas edificantes en todas partes.

No obstante, los atavismos ancestrales establecen parámetros -respecto del sentimiento de amor- que no se corresponden con la realidad, porque son manifestaciones primarias aún, de los períodos antropológicos que pertenecen al pasado, pero que no han sido superados.

Los procesos educativos castradores, los métodos coercitivos de orientación emocional, desarrollan en el adolescente, y profundizan, más tarde, en los adultos, conflictos que no existían en la infancia, generando miedo, ansiedad y desconfianza, en relación con las demás criaturas y con la sociedad en general.

La espontaneidad infantil que existía en lo profundo del *Self* cede lugar a la hipocresía adulta, a la negociación para estar bien, mediante la adulación y la promesa, lejos del comportamiento natural y afectuoso que debe imperar en el amor.

Las expectativas de quien ama son el resultado de la visión distorsionada de la realidad afectiva, que espera alcanzar la plenitud mediante la presencia de otros, olvidándose de que nadie puede proporcionar al ser más amado aquello que no fue generado en él mismo. Puede ofrecerle estímulos valiosos para que encuentre lo que ya posee en germen, pero no puede transferírselo, por más que lo desee.

De la misma forma, solo se logra volver infeliz a aquel que ya posee el conflicto de la desarmonía interior, aunque esté sumergido en la neblina, que será disipada por el calor de la realidad, que consiste en la exteriorización del otro, tal como es, y no conforme a la imagen que se creó de él.

En la experiencia del amor, es indispensable el auto-enriquecimiento, a fin de que se pueda entender y sentir la manifestación afectuosa del otro, que comparte sus alegrías y le dispensa sus satisfacciones.

El viaje del amor es siempre desde adentro hacia afuera, sin ornamentos exteriores, que muchas veces encubren su ausencia, debido a los conflictos en los cuales el individuo se encuentra sumergido.

Por inmadurez psicológica, las personas fingen amar, sueñan que aman, permutando regalos, que fueron muy bien definido por Erich Fromm y otros autores, como la orientación hacia transacciones.

Acostumbradas a negociar, suponen que la experiencia del amor debe estar revestida con otros intereses, que despierten la codicia y propicien la ansiedad de lucrar. Por eso no son capaces de amar realmente, incluso cuando lo desean, víctimas del temor a ser engañadas, heridas en su sentimiento, abandonadas después de haberse entregado...

Existe un olvido en torno a la emoción relativa a que se puede y se debe amar, aunque nunca amar por la necesidad de tener un amor.

Por esa razón, el amor resulta de un estado de maduración psicológica del ser humano, que debe ejercitar sus emociones, y compartir sus sentimientos con todo y con todos.

Cuando se ama a un perro, un gato, o algún otro animal, nunca se espera que él sea algo diferente de su propia estructura, ni que alcance un nivel inaccesible en su etapa evolutiva.

En cambio, cuando se ama a alguien, en el nivel de humanidad, siempre se exige al otro que se someta, que adquiera valores que aún no posee, que crezca hasta el elevado nivel de la expectativa de quien le dispensa su afecto.

En la educación, erróneamente, se aplica el sistema de castigos y recompensas, aunque pocas veces el de discernimiento de valores, en relación con lo que es verdadero y lo que es falso, lo noble y lo mezquino, lo digno y lo vulgar. Se usa la amenaza como una forma de impedir la repetición de los errores, lo que genera temor, hipocresía y falsedad.

De tal modo, como una forma de vida, en el momento del amor, la fascinación ejercida por la función de la libido conduce a la necesidad de conquistar al otro, a aquel que despierta el deseo, a cualquier precio, dando lugar a sentimientos que no se corresponden con la realidad. Una vez superado el período de la novedad sexual; caídas las máscaras que fueron colocadas en el rostro del otro, de aquel a quien se desea conquistar, y en el cual se proyectan valores, belleza y talentos que realmente no posee, llega la decepción, surge el desencanto, y el sentimiento que antes se denominaba *amor* se transforma en frustración, rebeldía, agresividad, e incluso odio...

Las relaciones afectivas son individuales, lo que transforma al amor en una emoción responsable, madura, preparada para los enfrentamientos y los desafíos perturbadores, volviéndose gentil e incondicional.

De ese modo, en una relación amorosa son dos mitades las que se complementan, pues aunque posean características diferentes, son armonizadas por el sentimiento afectivo.

Cada uno debe conservar la preocupación de ofrecer más de lo que recibe, lo cual genera un constante intercambio de emociones felices.

La persona que ama debe medir cuánto ama, a fin de que mantenga la responsabilidad de llevar adelante el compromiso afectivo.

Si esa concienciación no existe, ante alguna circunstancia menos agradable abandona al otro, huye de la realidad, pero no consigue evadirse de sí mismo, lo que es más grave.

Sólo ama realmente aquel que es feliz, que se ha despojado de conflictos, y está libre de prejuicios, identificado con la vida.

Por lo general, las personas atormentadas piensan que podrán ser felices cuando sean amadas, sin preocuparse por ser ellas las que amen. En su inquietud e inseguridad, esperan encontrar puertos seguros para las embarcaciones de las emociones desordenadas, sin pensar en curarse para navegar en paz...

Dado que no hay amor interno, se asfixian en la desesperación, y transmiten esa sensación extraña e inquietante, sin condiciones para saber recibir la bonanza que les llega, en el momento en que les llega.

De inmediato se tornan exigentes, celosas, vigilantes y aprensivas, en un estado de constante ansiedad, temerosas de perder lo que quisieran que les perteneciese. Nadie puede aprisionar el amor, porque si lo intenta, lo asfixia, lo mata.

Mientras se mantengan vigentes el interés físico, la búsqueda de la belleza, del contacto sexual a causa de la atracción irresistible, el amor estará distante, y se presentará con el aspecto del síndrome de Epimeteo, con todas las consecuencias de la imprevisión, de la precipitación, de la ansiedad de obrar, para considerarlo después de que haya acontecido el hecho.

El desarrollo del amor se produce lentamente, conquista tras conquista de experiencia, de vivencia, de entrega…

SUBLIMACIÓN DEL AMOR

Jesús, el incomparable psicoterapeuta, definió perfectamente el sentido del amor al explicar que este es el fundamento esencial para una existencia feliz, de acuerdo con la excelente síntesis: *Amar a Dios por sobre de todas las cosas y al prójimo como a sí mismo.*

En esa admirable propuesta de terapia liberadora están los postulados esenciales del amor, cuyo orden invertiremos con fines metodológicos, para presentar un nuevo análisis: *Amarse a sí mismo, a fin de amar al prójimo y, por consiguiente, amar a Dios.*

El hombre y la mujer occidentales contemporáneos han heredado casi cuatrocientos años de individualismo, de competitividad, y su conducta se caracteriza por la dominación del otro, del poder por encima de toda otra condición, generando una ansiedad inusual, falta de motivación para los ideales superiores, vacío existencial, insatisfacción.

El amor es lo opuesto de ese comportamiento, porque exige una transformación de conceptos existenciales, de conductas emocionales, que comienzan con la reflexión y la vivencia del autoamor.

Solamente es capaz de amar a otro quien se ama a sí mismo. Es indispensable, por lo tanto, que en él se encuentre el autoamor, el autorrespeto, la conciencia de la dignidad humana, a fin de que sus aspiraciones sean dignificantes, con metas de calidad superior.

Al amarse a sí mismo, el individuo alcanza la madurez en relación con los sentimientos de comprensión de la vida, de los deberes para con la autoiluminación, de crecimiento moral y espiritual, ejercitándose al mismo tiempo en los compromisos relevantes que lo tornan conciente y responsable de sus deberes.

Cuando identifica los valores reales y los imaginarios, descubre los límites, las imperfecciones que son habituales en él, y lucha con el fin de superarlos, trabajando con empeño y con bondad, sin exigencias innecesarias ni conflictos dispensables, además de perdonarse cuando se equivoca, y repitiendo la tarea hasta realizarla correctamente.

El amor es un encantamiento, una forma de autopercepción, debido a que exige empatía con el otro, afirmaciones, y el descubrimiento de potencialidades que se unen en favor de ambos, sin la castración ni la obstaculización de la libertad.

El amor no puede ser un accidente biológico ni ocasional.

Amar a los padres, a los hermanos, a los demás familiares, porque lucharon y vivieron en función unos de otros, no tiene cabida en el compromiso del amor. Cuando los padres exigen que los hijos los amen, en consideración al sacrificio que hicieron para educarlos, las renuncias que se impusieron a fin de que fueran felices, no se trata de un sentimiento de amor, sino de retribución.

El amor es espontáneo. Más allá del deber natural de amar a los padres y al resto de los familiares, al amor debe brotar en forma de ternura y de emoción gratificante, para que no se convierta en un modo de pago.

Por ello, los padres también aman por deber, y todo lo que realizan es fruto de la alegría de poder amar, de compensar las luchas con la alegría del educando, sin la espera exigente de una retribución.

De ese modo, el amor no puede generar dependencia, a la que se apegan las personas ansiosas, aquellas que no se han realizado, las que están vacías, atormentadas, quienes transfieren sus conflictos hacia los otros, que necesitan una seguridad que nadie les puede dispensar. Mediante esa conducta, la relación afectiva adquiere un carácter casi comercial, de intercambios y de intereses, en la búsqueda de la satisfacción de deseos y de vacíos, hasta que alcanza el lamentable estado de masoquismo parasitario.

En ese juego de intereses, dos individuos solitarios se encuentran y, como desean una relación basada en las compensaciones, suponen que se aman, cuando en realidad se están protegiendo de la soledad, dando lugar a un vacío interior mucho mayor que el que experimentaban anteriormente.

Cuando eso sucede, la relación se torna generadora de neurosis más perturbadoras.

Es indispensable que se cree el hábito de amar sin negociar, en ningún aspecto que pudiera desearse, particularmente cuando se elude el deber evangélico de conquistar el *reino de los Cielos*.

Con ese ejercicio se comienza a comprender al prójimo, a entender sus dificultades y sus luchas, sus esfuerzos no siempre exitosos, y sus sacrificios.

De la comprensión fraternal deriva el sentimiento solidario, la amistad, sin la exigencia de convertir al otro en aquello que él aún no logra ser, hasta que finalmente se llega a amarlo.

La fórmula puede ser inversa: sentir el amor, sin conocer al otro. Sin embargo, a medida que se lo descubre, surge la facilidad para aceptarlo tal como es, sin las fantasías infantiles ni mitológicas de los períodos ya superados, con capacidad emocional para perdonar y perseverar en los elevados propósitos del amor.

En las múltiples formas con que el amor se presenta, aún predominan los sentimientos apasionados, resultado de la precipitación, de las necesidades fisiológicas o emocionales de acompañamiento, sin que se experimente el sentido profundo del afecto, con toda la carga de responsabilidad que le es peculiar.

El amor es una característica que define las conductas seguras, de individuos saludables, y no de aquellos que se dicen débiles, necesitados, porque, como no poseen nada, lamentan no tener algo para dar, de modo que siempre esperan recibir. Es común decir, en la cultura actual, que las personas débiles aman mucho, olvidando que esa conducta es interesada, que ansía la protección, la cobertura emocional y física de los otros…

Para que haya ternura en la relación, es necesario que existan fuerzas morales para superar las dificultades, y cuanto más se dona, más elevado nivel de entrega se alcanza, sin que se pierdan la individualidad, las metas, los sueños…

Cuando alguien se convence de que es fácil amar, en un comportamiento afín con la realidad, se hace posible la disposición, para abandonar las máscaras ilusorias y fantasiosas con las que muchos revisten al amor, y de tal modo se permiten la realización personal psicológica, en el acto del intercambio afectivo.

Por consiguiente, el ser humano que se conduce de esta manera, comienza a amar a Dios en la plenitud de la vida que descubre, rica en bendiciones, en todas partes.

Encuentra a Dios dondequiera que vaya; lo siente en todo y en todos; lo vive con emoción donde se encuentre, según se comporte, y aspira su aliento vivificante.

De ese modo, el amor es un influjo divino que llega hasta el ser en los comienzos de su proceso de evolución, y que se desarrolla y crece, hasta que pueda retornar a la *Fuente Creadora*.

Sublime, cualquiera sea la expresión con que se presente, es la presencia de la armonía que debe vibrar en el sentimiento humano.

Sea a partir de las manifestaciones de los deseos sexuales, hasta las expresiones de renuncia y santificación, el amor es el más eficaz proceso psicoterapéutico que existe, al alcance de todos.

20

MUERTE

- FISIOLOGÍA DE LA MUERTE
- IMPOSIBILIDAD DE EVITAR LA MUERTE
- LIBERACIÓN A TRAVÉS DE LA MUERTE

FISIOLOGÍA DE LA MUERTE

La fatalidad biológica establece que todo lo que nace, muere. El proceso de desarrollo celular, en sus continuas transformaciones, llega a un momento en el cual cesa, para dar comienzo a otro orden de fenómenos transformadores.

Por más que se halle envuelta en mitos y tradiciones, enmascarándose y provocando confusión al pensamiento humano, la muerte consiste en la interrupción de los procedimientos vitales que mantienen al organismo en actividad, lo cual determina su cesación.

A partir de los orígenes del pensamiento, se sabe que la muerte representa una parte de la vida, considerada por algunos como la etapa final del ser, y aceptada por otros como inevitable, para dar lugar a nuevas experiencias trascendentales.

En el archipiélago constituido por aproximadamente setenta trillones de células, que conforman el cuerpo humano adulto, sus transformaciones se producen incesantemente, a fin de que la compleja máquina orgánica prosiga su trabajo en armonía.

A cada segundo mueren treinta millones de hematíes, que son sustituidos por otros. De la misma manera, cada quince minutos una parte importante del cuerpo cede lugar a otra que la sustituye, gracias a lo cual la vida prosigue sin alterarse.

La memoria de las células, por medio de un admirable automatismo, repite las experiencias de las anteriores, para que los fenómenos que producen continúen con el mismo ritmo, hasta el momento en que por diversos factores lo pierden, y eso da lugar a la multiplicación desordenada que origina los tumores…

Preservar el cuerpo de los agentes destructivos ha constituido la lucha de la inteligencia, en la actualidad, a través de la ciencia y de la tecnología, a fin de mantenerlo saludable y operativo, propiciando placer y felicidad.

Pese a ello, el misterio de la muerte -lo que ocurre durante y después de esa etapa- dio lugar a que la filosofía enunciara las reflexiones que dieron margen al surgimiento de innumerables escuelas de estudio, a debates, a luchas, algunas de ellas encarnizadas…

Si bien, por un lado, cuando ocurren fracasos y sufrimientos en la existencia, la búsqueda de la muerte -como una solución engañosa- ha sido algo perturbador, en lucha feroz contra el instinto de conservación, por otro lado persiste el deseo predominante en la naturaleza humana para evitarla, a fin de prolongar la vida y eternizarla en el cuerpo físico…

En la *Odisea*, la tradición cuenta que las sirenas envidiaban a Ulises porque era mortal, mientras que ellas permanecían en ese estado de inmortalidad física, que les producía hastío.

Por otro lado, en *Los viajes de Gulliver*, el protagonista visita un país en el que cada cien años nacía una generación de seres que físicamente eran inmortales. Como era lógico, Gulliver tuvo el deseo de conocer algunos de esos hombres, que habían superado la fatalidad biológica, y fue conducido a una enfermería donde estaban los longevos multiseculares, en un estado deplorable de degeneración orgánica, con los miembros deformados, en proceso de descomposición a pesar de que se hallaban con vida, debido a la putrefacción de la materia de que estaban constituidos.

La desorganización de los tejidos fisiológicos es absolutamente inevitable, debido a su carácter transitorio. Después del nacimiento del cuerpo, la fatalidad biológica -responsable de sus transformaciones- lo conduce a la madurez, a la vejez y a la muerte de sus formas.

En este mundo relativo, todo organismo tiende a la disgregación, impuesta a través de la *Ley de Entropía*, responsable de la cantidad de desorden en los sistemas.

De esa manera, la forma organizada avanza hacia el caos.

El cuerpo humano no podría, con carácter de excepción, encontrar la energía suficiente para una infinita permuta de calor, que se hiciera responsable del mantenimiento de su sistema, de su organización molecular.

La muerte orgánica es necesaria, para que se produzcan las transformaciones, los perfeccionamientos. A través del proceso de nacer, vivir y morir, las formas se perfeccionan a lo largo de millones de años, en sucesivas experiencias, en las que albergan el principio espiritual que las va modelando, en busca de una estructura mejor y de una armonía más perfecta.

Cuando muere una organización celular, permite el surgimiento de otra -como sucede con la planta azotada por la tormenta-, que seguidamente se renueva, con exuberancia.

Esa sombra, tal como Platón denominaba al cuerpo, es la residencia temporaria del ser, del Espíritu inmortal.

La consunción, no obstante, es solo aparente, porque las moléculas que lo constituyen vuelven a reunirse y forman otras expresiones materiales.

El aniquilamiento es una pobre percepción de los débiles órganos de los sentidos.

Así, lo que importa durante la existencia física, no es la durabilidad en que se estructura, sino la manera como se la vive, en profundidad, mediante la concienciación de cada momento, dotándola de belleza y de alegría.

El temor a la muerte, por un lado, es el resultado de atavismos arcaicos, de los temores a las fuerzas ignotas de la naturaleza -cuando el hombre primitivo padecía su terrible acción-, de los miedos a los eternos castigos -sin misericordia ni compasión-, de las fantasías perversas que fueron inculcadas a través de los milenios en la mente humana. Por otro lado, es también el temor de enfrentarse con la conciencia que se despierta, en ocasión del renacimiento espiritual más allá de las cenizas y del polvo orgánico, que revelan la desnudez del ser. También puede ser el resultado de la cultura materialista, que la considera como la extinción de la memoria, de la inteligencia, la destrucción de la razón y, de ese modo, el retorno a la nada...

La química cerebral, por más que se establezcan teorías acerca de su responsabilidad en la construcción del pensamiento, de la conciencia, de la razón, no logra presentar la visión real en torno a la lógica del existir, de los razonamientos abstractos, como resultado de conexiones neuronales que hacen posible las disquisiciones y las concepciones audaces.

El cerebro no produce la mente, razón por la cual su muerte no debe constituir un motivo de temor.

Los trastornos depresivos graves también se producen como consecuencia del temor a la muerte, que induce a los pacientes a evitar las reflexiones saludables para sumergirse, aunque sin desearlo, en aquello que temen.

La única actitud lógica frente a la muerte es su inclusión en la vida y en sus concesiones, experimentando cada momento en forma adecuada, incluso cuando todo pareciera conspirar contra esa actitud.

En el diálogo con sus jueces, Sócrates se expresó del modo siguiente:

"Una de dos cosas: la muerte consiste en la destrucción absoluta o es el tránsito del alma a otro lugar. Si debe aniquilarse todo, la muerte será como una de esas noches raras que pasamos sin soñar y sin ninguna conciencia de nosotros mismos. En cambio, si la muerte sólo es un cambio de morada, si es el tránsito hacia un lugar donde los muertos deben reunirse, ¡qué felicidad sería encontrar allí a los que hemos conocido! Mi mayor placer sería examinar de cerca a los habitantes de esa morada para distinguir, al igual que aquí, a los que son sabios de aquellos que creen serlo y no lo son. Pero ya es hora de separarnos, yo para morir, vosotros para seguir viviendo." *(El Evangelio según el Espiritismo,* de Allan Kardec, Introducción).

IMPOSIBILIDAD DE EVITAR LA MUERTE

No se puede determinar exactamente cuándo se producirá la disyunción molecular. Factores complejos, que proceden de existencias pasadas y de realizaciones actuales, postergan o anticipan el instante de la desencarnación, que puede llegar mediante procedimientos fatales, a los que se denomina tragedias o accidentes, de toda naturaleza, o mediante el curso de enfermedades de breve o larga duración.

Es indispensable estar consciente de ese acontecimiento, que tendrá lugar en el momento adecuado, aunque sin asumir ningún tipo de expresión de desdicha o disgusto.

El paso del tiempo es un instrumento de aproximación al momento liberador. Cuanto más se experimenta el cuerpo, más próxima se encuentra la ocasión transformadora de su estructura.

Por eso se debe vivir con armonía en todos los instantes, acumulando experiencias, adquiriendo sabiduría, evitando ideaciones perturbadoras, que siempre se transforman en conflictos y desequilibrios.

Cuando se está en presencia de acontecimientos inesperados, resulta indispensable mantener el pensamiento en torno a la brevedad del cuerpo y a la perennidad del Espíritu, preparándose para que, en cualquier instante, se produzca la interrupción del flujo vital.

Las enfermedades, cuando se instalan, en su condición de vehículo de la futura disyunción celular, siempre generan estados de inquietud, especialmente en aquellos que consideran que el viaje carnal es único.

Al tomar conocimiento del diagnóstico aflictivo, vinculado a una terapia que nada resolverá, es normal que el individuo desprevenido estalle en un sentimiento de ira, de rebeldía contra el mundo, hacia las demás personas o hacia sí mismo, en un mecanismo tormentoso de transferencia de culpas y responsabilidades, como si no fuera a ocurrir el mismo drama más allá de sus fronteras.

En esa situación, las preguntas no tienen justificación: *¿Por qué yo? Con tanta gente como hay en el mundo, ¿justamente yo he sido atacado por esta enfermedad perversa?*

En realidad, millones de individuos experimentan el mismo trance, porque la enfermedad forma parte del proceso de degeneración del cuerpo. Algunas ya son eficazmente combatidas, en tanto que otras recién ahora se están descubriendo, gracias a los equipos sofisticados y al conocimiento más profundo del organismo, y otras son de origen reciente, como consecuencia de factores igualmente destructores.

Es común que en ese período surja un sentimiento de negación de la enfermedad, como reacción ante lo que se considera una injusticia de la vida o de la Divinidad, esto último en caso de que el paciente esté vinculado con alguna creencia religiosa teórica.

Cuando el problema permanece, aunque no supere esa fase, el enfermo adopta otro comportamiento: el de la falsa esperanza en torno de alguna solución, en la vana expectativa de que se produzca un milagro o surja una terapia nueva, que le permita recuperar la salud, la cual no siempre mereció los cuidados adecuados mientras estuvo vigente en el organismo.

Portadores de problemas causados por la drogadicción, el alcoholismo, el tabaquismo, siempre que se encuentran sometidos al látigo riguroso de los procesos degenerativos, como consecuencia del vicio lamentable, suelen justificarse alegando que ya lo han abandonado, y no comprenden por qué se encuentran en una situación deplorable de tal naturaleza.

No quieren darse cuenta de que el mecanismo destructivo data de mucho tiempo atrás, y ya realizó su tarea. Desvincularse del vicio no concede la recuperación a los tejidos deteriorados, o de los que fueron destruidos, ni tampoco de los daños ocasionados de manera irreversible. Solo concede alguna sobrevida caracterizada por el sufrimiento, por la amargura que proviene del arrepentimiento tardío.

En esa oportunidad, normalmente surgen amigos imprudentes que hacen propuestas ilusorias, tales como favorecer negociaciones con el Creador, como si la transformación moral del individuo no fuese un proceso edificante reservado a él mismo. Entonces, le queda la falsa idea de que si hubiera una modificación en el comportamiento moral y mental, a través de promesas que por cierto no se cumplirán, llegará la liberación, y la muerte no seguirá su curso natural.

Por consiguiente, debido a que no se produce la transformación que se esperaba, el desánimo se apodera del paciente, que cae en un estado depresivo, y disgustado se encierra en la angustia y el silencio, como si esa actitud pudiese otorgarle consuelo y liberación.

Toda la existencia debe ser utilizada para experimentar el proceso de evolución, y no solo para dejarse arrastrar por las sensaciones del placer, en espectáculos de egoísmo incesante, lejos de la responsabilidad y de los deberes morales.

Finalmente, el paciente despierta a la realidad de lo que le sucede, y permite ser conducido por los procesos naturales del organismo, a veces adquiriendo fuerzas y resignación, que también son el resultado del auxilio que le dispensan los Espíritus guías, que lo preparan para la liberación, la cual no tardará en llegar.

La muerte física siempre debe ser encarada como un fenómeno normal del proceso de la existencia, porque lo es...

Cuando surjan disturbios orgánicos que anuncien la desencarnación, aquellos no deben estar acompañados por disgustos ni por sufrimientos excesivos, para que el acontecimiento se transforme en una maravillosa dádiva de espera, disfrutando las concesiones de la vida, que continúa y puede ser experimentada de una manera diferente a la habitual.

Cuando el príncipe Sidharta Gautama realizó su viaje por el interior de su país, a fin de conocer la vida, cuando se enfrentó con la vejez, con la enfermedad y la muerte, comprendió de inmediato la vacuidad de las ilusiones, y trató de interpretar el sentido de la existencia, el objetivo psicológico de la trayectoria humana. Reflexionó, sumergido en el profundo abismo de sí mismo, y constató que todos son sufrimientos necesarios para el perfeccionamiento del ser verdadero: ¡el Espíritu inmortal!

Todo individuo inteligente debe interrogarse acerca de la transitoriedad del cuerpo físico y de los objetivos de la vida humana, meditando con equilibrio, a fin de encontrar respuestas sabias, para aplicarlas en la vida cotidiana.

Una enfermedad grave, una parálisis, una amputación o algún otro acontecimiento que anuncie la muerte, no debe destruir o perturbar los días de que se dispone, pues es factible que el paciente adopte una conducta edificante, que propicie el bienestar para él y la satisfacción para aquellos con quienes convive.

La muerte no tiene el derecho de truncar los afectos, de desarmonizar los sentimientos, de perturbar la marcha de la evolución, porque en vez de destruir la vida, solamente transfiere al viajero hacia otra dimensión, hacia otra realidad, otorgándole la continuidad de sus anhelos, de su afectividad, la ampliación de la esperanza en torno a mejores días en el futuro.

Es normal que, cultivando el deseo de vivir, la vejez, la enfermedad y la muerte sigan después.

Hay mucha belleza en todas las expresiones de la vida, particularmente en la etapa terminal de la existencia. Solo basta con que se adquiera la óptica adecuada y se adapten los sentimientos a la situación que se atraviesa.

Psicológicamente, la felicidad puede presentarse de diversas maneras, modificando apenas el aspecto de la realidad, que debe ser adaptada a las circunstancias del momento.

LIBERACIÓN A TRAVÉS DE LA MUERTE

El cuerpo es, por consiguiente, ese bendito presidio celular transitorio, que retiene al Espíritu y le impide mantener la plena lucidez de la realidad, lo cual favorece en él la germinación de las divinas potencialidades que yacen adormecidas en lo más profundo y que proceden de Dios, pues es el heredero de sus sublimes concesiones.

La muerte, de ese modo, debe ser cuidadosamente estudiada y comentada en todas las oportunidades que otorga la existencia, a fin de liberarla de los artificios que le adjudicaron la ignorancia y las religiones del pasado.

Dado que forma parte del proceso normal de la vida, no puede ser dejada al margen de los acontecimientos, como si solo mereciera consideración cuando se presenta para arrebatar a un ser querido, o se anuncia dispuesta a llevarse al propio individuo.

Se educa al ciudadano con miras a su triunfo social y económico, moral y cultural, pero también es necesario establecer un programa para la concienciación acerca de la muerte, tomando en cuenta que es una fatalidad de la que nadie se libera.

Cuando se prepara para morir de una manera digna y natural, el ser humano transforma por completo el paisaje social en que se encuentra, pues establece condiciones para que el fenómeno transcurra sin impactos ni traumatismos, ante la certeza del reencuentro, que permitirá la continuidad de los afectos, la liberación de las amarguras, la ampliación de la capacidad de comprender y de desarrollar los valores espirituales, que a todos adornan.

Muchos males pueden evitarse cuando se establece un programa conciente para la muerte, que permite obtener recursos morales de aplicación inmediata, a fin de capacitar al ser humano para la comprensión del viaje efímero en que se encuentra, así como de la continuación de la realidad que enfrentará tras despojarse de la vestimenta orgánica.

Conservada como un mito que solamente afecta a los demás, cada vez que se anuncia causa pánico, rebeldía y otros desequilibrios, que destruyen los ideales en que se apoyan los individuos, cuando no los precipitan –paradójicamente- en su dirección, mediante actitudes perversas y extravagantes, con las cuales se pretende disfrutar de los últimos días de vida, o mediante el nefasto suicidio…

Ese engaño en torno a la perennidad del cuerpo ha sido responsable de la amargura en que muchos se hunden cuando son invitados a reflexionar acerca de la muerte de un ser querido, o es la causa del desequilibrio de muchos otros, y no pocas veces arrebata también otras existencias, que no se resignaron ante el acontecimiento previsible…

El carácter inevitable de la muerte exige que siempre se tenga presente que es ineludible, para que las ilusiones cedan lugar a la realidad, y para que las fantasías -que constituyen un recurso de delirio y de placer para muchos- se diluyan sin aflicciones ni desencantos.

De esa manera, surgen los compromisos con las acciones saludables, con los pensamientos correctos y los proyectos edificantes, que propician valores emocionales liberadores de las exigencias fisiológicas, con posterioridad al fenómeno liberador.

Cuando eso no sucede, las fijaciones enfermizas, los hábitos insanos, las conductas perturbadoras, amarran al Espíritu a esas y a otras pasiones, que le ocasionarán sufrimientos inimaginables hasta que se diluyan los vestigios materiales mediante la descomposición cadavérica.

Incluso cuando eso ocurre, las impresiones permanecen y generan la ilusión de que no se produjo la interrupción de la organización material, y el Espíritu, alucinado, se niega a comprender el estado en que se encuentra, víctima de disturbios complejos y aflictivos.

La madurez psicológica del individuo lo prepara para considerar que, por más larga que sea la existencia, siempre llegará el momento en que será interrumpida; y, de esa forma, se provee de sentimientos de renuncia y de abnegación, agradecido por las experiencias adquiridas, con el anhelo de conquistar otras realizaciones ennoblecedoras.

La salud emocional legítima analiza el fenómeno de la desencarnación sin dar espacio a ningún tipo de trastorno, y propicia la vivencia significativa y profunda de cada instante, de cada realización, de todos los sentimientos explícitos.

Por lo tanto, la concienciación en torno a la enfermedad en la trayectoria carnal, madura los sentimientos, que se desapegan de las posesiones y superan los caprichos del *ego*, dando mayor valor a las realizaciones del *Self*, que comienza a merecer una mejor contribución de esfuerzos y de actividades iluminadoras.

La psicoterapia preventiva contribuye a la autoconciencia acerca de la vida y la muerte, y constituye la única realidad: la inmortalidad del Espíritu.

La psicoterapia curativa, cuando la muerte amenaza o arrebata a alguien muy querido, propone el despertar de la razón, sin sentimentalismos ni rebeldías, con el objetivo de un sereno análisis, directo y sin disfraces, de las ventajas que conlleva la descomposición del cuerpo, candidato al envejecimiento, a las desorganizaciones, a la pérdida de la estructura con que se presenta.

Libre del miedo a la muerte, el individuo avanza por los ríos del destino en la barca de la autoconfianza, explorando los continentes de la existencia con alegría, sin ningún tipo de limitación, porque su horizonte es el Infinito, hacia donde se dirige.

Made in United States
North Haven, CT
25 June 2024